보석과 돌

땅속에서
무슨 일이?!

사진출처

국립전주박물관_ **17p** / 밀개, 긁개

국립중앙박물관_ **17p** / 찍개　**17, 114p** / 주먹도끼　**19p** / 가락바퀴　**19, 114p** / 빗살무늬토기
　　　　　　　21p / 청동 방울, 청동 거울　**21, 114p** / 청동 검

연합뉴스_ **113p** / 크랩스터

위키피디아_ **45p** / 아카스타 편마암의 일부(Pedroalexandrade)　**55p** / 황철석의 조흔색(Ra'ike)
　　　　　　60p / 호바 운석(Sergio Conti)　**61p** / 아폴로 15호가 가져온 월석(Wknight94)

해외문화홍보원_ **19p** / 갈돌과 갈판

땅속에서 무슨 일이?! 보석과 돌

ⓒ 신현정, 2020

1판 1쇄 발행 2020년 8월 10일 | **1판 3쇄 발행** 2022년 12월 15일

글 신현정 | **그림** 뿜작가 | **감수** 서울과학교사모임
펴낸이 권준구 | **펴낸곳** (주)지학사
본부장 황홍규 | **편집장** 윤소현 | **편집** 박보영 서동조 김승주
디자인 이혜리 | **마케팅** 송성만 손정빈 윤술옥 이혜인 | **제작** 김현정 이진형 강석준
등록 2010년 1월 29일(제313-2010-24호) | **주소** 서울시 마포구 신촌로6길 5
전화 02.330.5263 | **팩스** 02.3141.4488 | **이메일** arbolbooks@jihak.co.kr
ISBN 979-11-6204-091-1 74400
ISBN 979-11-85786-82-7 74400(세트)
잘못된 책은 구입하신 곳에서 바꿔 드립니다.

 제조국 대한민국　사용연령 8세 이상
　　KC마크는 이 제품이 공통안전기준에 적합하였음을 의미합니다.

지학사아르볼　아르볼은 '나무'를 뜻하는 스페인어. 어린이들의 마음에
　　　　　　　　담긴 씨앗을 알찬 열매로 맺게 하는 나무가 되겠습니다.
홈페이지 www.jihak.co.kr/arb/book | **포스트** post.naver.com/arbolbooks

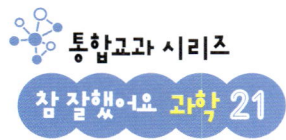

통합교과 시리즈
참 잘했어요 과학 21

보석과 돌

땅속에서 무슨 일이?!

글 신현정 | 그림 뿜작가 | 감수 서울과학교사모임

지학사아르볼

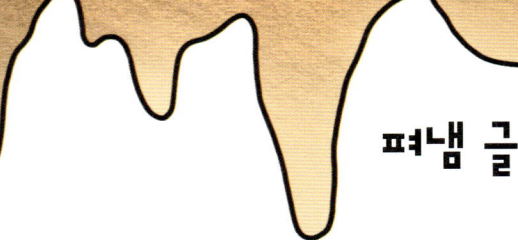

펴냄 글

 ### 과학은 왜 어려울까?

- 생물, 지구과학, 물리, 화학 등 공부해야 할 범위가 넓다.
- 책이나 교과서를 볼 땐 이해할 것 같다가도 돌아서면 헷갈린다.
- 과학 현상이나 원리가 어려워서 이해가 안 된다.
- 과학 공부를 할 때 어려운 단어가 많이 나온다.

 ### 과학 공부, 쉽게 하려면 통합교과 시리즈를 펼치자!

통합교과란?

- 서로 다른 교과를 주제나 활동 중심으로 엮은 새로운 개념의 교과
- 하나의 주제를 **역사·개념·과학·문화·산업·직업** 등 다양한 영역에서 접근해 정보 전달 효과를 높임
- 문·이과 통합 교육 과정에 안성맞춤

✉ 이런 학생들에게 통합교과 시리즈를 추천합니다!

과학 교과를 처음 배우는 초등학교 **3학년**

과학이 지겹고 어렵게 느껴지는 **4학년**

⌛ 역사
과거부터 현재까지, 관련 분야의
역사 지식이 머릿속에 쏙!

🔍 직업
관련된 직업을 살펴보고
나와 맞는 꿈 찾기

📖 개념
개념을 알아야 주제가 보인다!
개념 완벽 정리!

📐 산업
주제와 관련된 산업 분야를
살펴보고 세상을 넓게 보기

🧬 과학
과학 분야를 샅샅이 파고들어
주제에 대한 이해력을 쏙!

📣 문화
주제와 관련된 문화 분야
살펴보고 상상력 기르기

통합교과 시리즈

차례

1화
빛나는 보석을 제일 좋아해!   **역사** 돌과 함께한 인류의 삶 10

- 16 도구를 사용하는 인류의 탄생
- 17 석기 시대 – 돌에서 시작된 인류 문화
- 20 청동기 시대 – 금속 시대의 시작
- 22 철기 시대 – 가장 풍부하고 단단한 광물
- 24 실리콘 시대 – 4차 산업 혁명의 핵심은 모래
- 28 한 걸음 더 돌가루로 그리는 그림

2화
보석이 왜 거기서 나와?!   **개념** 암석의 종류 30

- 36 광물이 가득한 암석
- 37 마그마가 만들어 내는 돌 – 화성암
- 39 돌 부스러기가 쌓여서 만들어지는 돌 – 퇴적암
- 40 뜨거운 열과 압력으로 변한 돌 – 변성암
- 44 한 걸음 더 끊임없이 돌고 도는 암석

3화
이건 보석이 아니잖아!   **과학** 광물의 특징 46

- 52 광물이란 무엇일까?
- 54 광물의 색과 조흔색
- 56 광물의 결정
- 57 광물의 굳기
- 60 한 걸음 더 우주에서 날아온 운석

4화

보석 도둑을 잡아라! 　문화 보석 이야기 62

- 68　보석이란 무엇일까?
- 70　다이아몬드의 역사
- 72　나의 탄생석을 알아보자!
- 74　진주는 광물이 아니야!
- 78　한 걸음 더 저주받은 보석 – 호프 다이아몬드

5화

우리 주변에 광물이 이렇게 많아?! 　산업 집에서부터 반도체까지 80

- 86　내 책상 위의 광물
- 88　우리 집에서 찾은 광물
- 90　건축의 주인공 – 암석
- 92　스마트폰 속 광물
- 96　한 걸음 더 희토류 채굴과 환경 오염 – 자원 전쟁

6화

돌 없인 못 살아~! 　직업 돌을 사랑하는 사람들 98

- 104　땅을 연구하는 지질학자
- 106　보석을 다루는 사람들
- 108　새로운 소재를 개발하는 신소재 공학자
- 112　한 걸음 더 로봇 광물 탐사대, 바다로 출동!

- 114　워크북
- 126　정답 및 해설
- 128　찾아보기

등장인물

빛나

보석을 좋아하는 소녀예요.
보석에 대한 정보도 열심히 찾아보지요.
문구점에서 파는 작은 액세서리도
그냥 지나치지 못해 늘 한두 개씩
착용하고 다녀요.

석이

빛나의 친구예요.
보석을 너무 좋아하는 빛나를
이해하지 못해요. 박물관에서
일하는 엄마 덕분에 돌에 대해
자세히 배우게 돼요.

루비 박사

석이의 엄마예요.
국립 돌 박물관에서 일하는
돌 전문가이지요.

관장

국립 돌 박물관 관장이에요.
박물관에 놀러 온 빛나와 석이에게
보석과 돌에 대해 자세히 알려 줘요.

다캐내 사장

박물관에 전시할 보석을 훔친 나쁜 남자!
다캐내 사장은 왜 보석을 훔쳤을까요?
빛나 일행은 보석을 무사히 박물관으로
가져올 수 있을까요?

1화
빛나는 보석을 제일 좋아해!

역사 돌과 함께한 인류의 삶

- 도구를 사용하는 인류의 탄생
- 석기 시대 – 돌에서 시작된 인류 문화
- 청동기 시대 – 금속 시대의 시작
- 철기 시대 – 가장 풍부하고 단단한 광물
- 실리콘 시대 – 4차 산업 혁명의 핵심은 모래

한눈에 쏙 돌과 함께한 인류의 삶
한 걸음 더 돌가루로 그리는 그림

돌과 함께한 인류의 삶 • 15

도구를 사용하는 인류의 탄생

두 손이 자유로워진 덕분에 도구를 사용할 수 있게 됐지!

이 세상에 돌이 없다면 정말로 원시인보다 더 못한 생활을 했을까요? 아마 그럴 거예요. 최초의 인류는 약 400만 년 전에 등장했어요. 그들의 가장 큰 특징은 두 발로 서서 걸어 다니고(직립 보행) 자유로워진 두 손으로 돌을 비롯한 다양한 도구를 잘 사용했다는 점이에요.

도구의 발달은 문명의 발달

도구를 사용하는 것은 정말 중요한 일이에요. 농사를 지으려면 호미가 필요하고, 곡식이나 음식을 담을 수 있는 그릇이 있어야 하지요. 또 옷을 지으려면 바늘이, 집을 지으려면 톱이나 망치가 필요해요.

이처럼 의식주를 해결하기 위한 도구의 발달은 곧 문명의 발달이라고 할 수 있어요. 그래서 인류가 주로 활용한 도구의 재료들이 각 시대를 구분하는 이름이 되었어요. 석기 시대, 청동기 시대, 철기 시대 등으로 말이지요.

구석기 시대	신석기 시대	청동기 시대	철기 시대
70만 년 전	1만 년 전	기원전 2000년	기원전 400년

초기 인류가 의식주를 위해 최초로 사용한 도구는 주위에서 쉽게 발견할 수 있는 나뭇가지와 돌멩이 같은 물건이었어요. 그러다 점점 인류가 똑똑해지면서 약 70만 년에 전에 혁명적인 일을 시작해요. 바로 돌을 쪼갠 거예요!

석기 시대 - 돌에서 시작된 인류 문화

구석기 시대는 약 70만 년 전부터 1만 년까지예요. 이전에도 인류는 돌을 사용했을 텐데, 왜 70만 년 전부터가 구석기 시대일까요? 그 전에는 주변에서 적당한 도구를 찾아 쓴 반면, 이때부터는 도구를 직접 만들었기 때문이에요.

구석기 시대 - 돌을 떼어 만든 뗀석기

구석기인들은 커다란 돌의 가장자리를 다른 돌로 탁탁 내리쳐서 떨어져 나온 돌을 도구로 사용했어요. 이게 바로 뗀석기예요. 즉 뗀석기는 커다란 덩어리에서 '떼어 낸' 돌이라는 뜻이지요.

한 번에 떼어 낸 돌을 그대로 쓸 때도 있었지만 대부분 작은 조각들을 여러 번 떼어 내어 다듬었어요. 가장 유명한 뗀석기는 주먹도끼예요. 주먹도끼는 한 주먹에 잡을 수 있는 크기로, 한쪽이 날카롭게 다듬어져 있어요. 주로 동물을 사냥하거나 고기를 자를 때 사용했고, 나무를 쪼개거나 식물을 캐낼 때도 사용한 만능 도구였답니다. 주먹도끼는 구석기 시대 내내 활용되었을 정도로 유용한 도구였어요.

주먹도끼   찍개   밀개   긁개

신석기 시대 : 돌을 갈아 만든 간석기

구석기 시대가 마무리된 결정적인 이유는 기후의 급격한 변화였어요. 구석기 시대에는 지구의 기온이 낮아서 많은 물이 얼어 있었어요. 지금은 바다가 지구 표면의 70퍼센트 이상을 덮고 있지만, 당시에는 물이 얼어 있었기 때문에 땅 면적이 훨씬 넓었어요.

인류는 동물을 사냥하기 위해 작고 날카로운 도구를 만들기 시작했어요. 점점 똑똑해진 인류는 먹을 수 있는 식물의 씨앗을 땅에 심으면 더 많은 열매를 얻을 수 있다는 것을 알아냈어요. 그런 다음 식물이 자랄 때까지 한곳에 살면서 기다리기로 했어요. 기후도 따뜻해졌으니까요. 이렇게 신석기 시대가 시작되었답니다.

1만 년 전부터 청동을 사용하기 전까지의 시기를 신석기 시대라고 해요. 사람들은 강가나 해안가에 움집을 세우고 농사를 짓기 시작했어요. 물론 지금의 농사보다는 훨씬 단순하고, 키우는 작물의 종류나 수확량

갈돌과 갈판

도 매우 적었지요. 그래서 낚시, 사냥, 채집도 계속했어요. 가장 중요한 변화는 돌을 갈아 만든 도구인 간석기가 등장한 거예요.

간석기를 만들려면 돌을 깨뜨려 뗀석기를 만든 후 넓적한 돌에 뗀석기를 열심히 비벼야 해요. 그러면 서로 갈리면서 돌가루가 나오지요. 돌가루는 돌이 더 잘 갈리게 돕는 역할을 하기 때문에 매끈하고 정교한 석기를 만들 수 있었어요.

신석기 사람들은 돌을 갈아서 농기구와 사냥 도구를 만들었어요. 가죽을 꿰매 옷을 만들려면 실이 필요했겠지요? 이때 실을 만드는 데 썼던 가락바퀴도 간석기랍니다. 바늘은 동물 뼈로 만들었고요.

농사를 짓기 시작한 신석기 사람들은 수확한 곡식을 담아 둘 그릇이 필요했어요. 그래서 만

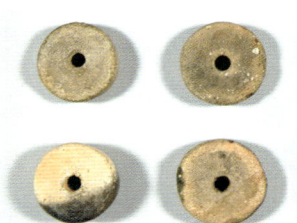
가락바퀴

들어진 것이 토기예요. 진흙 위에서 불을 피우면 나중에 진흙이 딱딱하게 굳는 것을 보고 아이디어를 얻었을 거예요. 그래서 말랑한 진흙으로 원하는 모양을 만들어 불 속에 넣고 구워 토기를 만들었어요.

빗살무늬토기

당시 토기는 금방 부서지기는 했지만, 신석기 사람들에게는 놀라운 발견이었어요. 여러 가지 종류의 흙을 섞어 여러 번 시도한 끝에 점점 단단한 토기를 만들었어요. 여러분이 지금 사용하고 있는 머그잔이나 도자기 그릇은 신석기 사람들이 만든 최초의 토기에서 시작된 셈이랍니다.

청동기 시대 - 금속 시대의 시작

신석기 사람들은 토기를 장식하거나 그림을 그리기 위해 알록달록한 돌을 부수고 가열하다가 우연히 이상한 것을 발견했어요. 색색의 바위를 불로 뜨겁게 달구면 빨갛고 흐물흐물한 것이 나오는데, 이것들만 따로 모아 식히면 은은하게 빛나면서도 잘 구부러지는 물질이 되었거든요. 바로 금속 구리를 발견한 거예요.

돌에서 나온 금속

구리는 인류가 일찍 발견한 금속 중 하나예요. 지구 표면에 포함된 양이 많은 데다 적색이나 녹청색을 띠고 있어서 쉽게 눈에 띄거든요.

구리는 누구나 손으로 쉽게 구부릴 수 있을 정도로 무른 금속이에요. 쉽게 가늘고 길게 만들 수 있어서 주로 전선으로 사용해요. 기회가 되면 고장 난 전자 제품의 전선을 잘라 봐요. 그러면 그 속에 있는 붉은빛을 띠는 구리 선을 볼 수 있어요. 물론 집에 있는 멀쩡한 전자 제품은 절대 자르면 안 돼요!

금속의 발견과 함께 시작된 청동기 시대

사람들은 구리에 주석을 섞으면 웬만한 돌보다도 단단해진다는 걸 깨달았어요. 이 금속이 바로 '청동'이에요. 이렇게 청동기 시대가 시작되었어요. 하지만 당시에는 청동의 재료를 구하거나 질 좋은 청동을 만드는 기술이 어려웠기 때문에 청동이 매우 귀했답니다.

무기가 된 청동기

청동기 시대에도 일반 사람들은 간석기를 많이 사용했어요. 특히 농기구는 모두 간석기였답니다. 그럼 누가 청동기를 썼을까요?

이 시기에는 키울 수 있는 곡식의 종류가 늘어나고, 다양한 농기구가 발달하면서 농작물의 수확량이 많아졌어요. 마을이 커지고 사람들 사이에 다툼도 늘어났지요. 그러자 갈등을 조정해 주는 사람이 필요해졌어요. 그리고 천둥 번개나 태풍같이 무시무시한 자연을 달래 보려는 사람(제사장)도 필요했지요.

저장할 수 있는 식량이 늘어나자 몇몇 사람들은 농사나 사냥을 하지 않게 되었어요. 대신에 마을의 문제를 해결해 주고 다른 사람들이 가져다주는 식량으로 먹고살았지요. 이들은 점점 마을에서 중요한 역할을 맡았고, 자기의 능력과 힘을 뽐내기 위해 청동으로 만든 물건을 사용했답니다.

청동 검 　 청동 방울 　 청동 거울

 철기 시대 – 가장 풍부하고 단단한 광물

우리가 평소에 가장 많이 사용하는 금속은 무엇일까요? 바로 철이에요.

학교 교실의 책상과 의자 다리도 철이고, 식당에 가면 볼 수 있는 스테인리스강*으로 만든 숟가락, 젓가락, 식판, 냄비 등도 있지요. 작은 못과 망치를 비롯해 자동차, 컴퓨터 부품 등도 대부분 철로 이루어져 있어요.

뒤늦게 모습을 드러낸 철

우리는 왜 이렇게 철을 많이 사용하는 걸까요? 바로 지구 표면에서 두 번째로 풍부한 금속이 철이기 때문이에요. 가장 풍부한 금속은 알루미늄이에요. 하지만 알루미늄은 가열만 해서는 순수 금속으로 분리되지 않기 때문에 19세기나 되어야 활용할 수 있었어요. 한때 알루미늄은 금보다도 비싸게 거래되었답니다.

철은 구리보다 매장량*이 풍부하지만 구리보다 훨씬 높은 온도에서 녹기 때문에 늦게 이용되었어요. 기원전 1500년쯤 중동 지역에 있던 사람들이 철광석에서 철을 뽑아내는 법을 터득했고, 주변 지역으로 전파되었지요.

★ **스테인레스강** 크로뮴, 탄소, 니켈, 텅스텐 등 여러 금속을 섞은 강철
★ **매장량** 지하자원 등이 땅속에 묻혀 있는 양

철로 만든 기구의 장점

철은 청동보다 재료가 풍부하고, 훨씬 단단하기 때문에 철기구가 빠르게 퍼졌어요. 돌보다 단단해서 땅도 깊게 팔 수 있고, 오래 쓸 수 있으며, 원하는 모양으로 만들기도 쉬웠지요. 이러한 철제 농기구를 사용하면서 식량을 훨씬 많이 생산하게 되었어요.

철제 무기를 가진 사람은 훨씬 강력한 힘을 발휘해서 사람들을 지배하게 되었고, 크고 작은 국가가 만들어졌답니다. 칼, 방패, 갑옷, 화살 등을 만들어 영토를 넓히기 위한 전쟁도 많이 했지요.

튼튼한 칼과 갑옷이 있는 나라가 전쟁에서 유리했을 거야!

사람들이 철을 자유롭게 활용하게 되자 튼튼하고 높은 건물도 짓게 되었어요. 우리가 살고 있는 거의 모든 집의 뼈대 속에는 철이 들어 있답니다. 생각해 보면 지금 우리도 철기 시대에 살고 있는 것 같지 않나요?

TIP

선사 시대 연도를 정확하게 구분할 수 없는 이유

선사 시대를 구분하는 시기는 학자마다, 지역마다 달라요. 예를 들어 철기 시대는 일반적으로 기원전 1200년경부터 본격적으로 시작된 것으로 보지만, 우리나라에서는 기원전 400년경부터 시작되었다고 해요. 기술이 개발된 곳에서부터 먼 지역으로 널리 퍼지기까지 오랜 시간이 걸렸기 때문이에요.

실리콘 시대 – 4차 산업 혁명의 핵심은 모래

현재 인류는 많은 종류의 금속, 비금속 물질을 분리하여 다양하게 활용하고 있어요. 이제는 도구를 만드는 재료로 시대를 구분할 수 없게 되었지요. 하지만 인류의 문명을 또 한 번 획기적으로 발전시킨 물질이 있어요. 바로 전기의 발명과 함께 등장한 반도체 물질 '규소'예요.

IT 산업의 핵심은 모래 속 규소

규소는 지각에 두 번째로 많이 포함된 원소예요. 가장 많이 포함되어 있는 원소는 산소이지요. 산소와 규소는 워낙 단단하게 결합되어 있어서, 이 두 원소를 한꺼번에 '규산염'이라고 불러요.

규산염은 길가에 보이는 모든 돌 속에 빠짐없이 들어 있어요. 규산염은 모래의 주성분이자 우리가 흔히 사용하고 있는 유리의 재료예요. 1820년대에 와서야 사람들은 규산염에서 순수한 규소를 분리해 낼 수 있게 되었답니다.

규소는 아주 훌륭한 반도체 물질이에요. 반도체는 전기가 잘 통하는 물질인 도체와 전기가 잘 통하지 않는 물질인 부도체의 성격을 모두 가지고 있는 물질이지요. 반도체 물질인 규소에 불순물*을 아주 조금 넣으면 전기의 흐름을 조절하는 도구인 반도체 칩을 만들 수 있어요. 전기가 없으면 하루도 살기 어려운 우리에게 반도체는 정말 중요한 제품이지요.

규소가 불러온 실리콘 시대

실리콘 밸리라는 말을 들어 본 적 있나요? 미국 캘리포니아에 있는 유명한 첨단 기술 단지의 별명으로, 애플·구글·페이스북 등 세계적으로 유명한 반도체 및 인터넷 기업들이 모여 있어요. 이 별명만 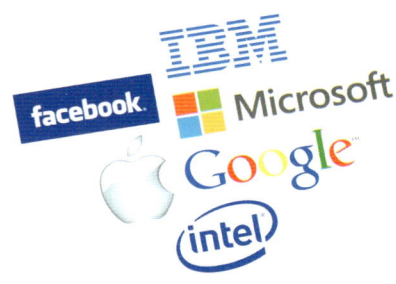 보아도 규소가 얼마나 중요한 재료인지 알 수 있답니다. 반도체의 핵심 재료인 규소가 영어로 실리콘(silicon)이거든요.

컴퓨터나 스마트폰 등의 전자 제품은 현대 사회에 없어서는 안 될, 우리 생활에 꼭 필요한 물건이 되었어요. 어찌 보면 다양한 사물을 통신으로 연결하고 인공 지능과 함께 살아가는 지금의 4차 산업 혁명 시대를 실리콘 시대라고도 할 수 있을 거예요. 규소가 핵심인 시대니까요.

★ **불순물** 순수한 물질에 자연적 또는 인위적으로 들어가는 적은 양의 화학 물질

돌과 함께한 인류의 삶

도구를 사용하는 인류의 탄생

- 최초의 인류 : 약 400만 년 전에 등장했으며, 직립 보행과 도구를 다루는 것이 큰 특징이었음
- 도구의 발달은 문명의 발달과 맞닿아 있음 ⋯▶ 도구가 시대를 구분하는 기준이 됨

구석기 시대	신석기 시대	청동기 시대	철기 시대
70만년 전	1만 년 전	기원전 2000년	기원전 400년

구석기 시대

- 약 70만 년 전부터 1만 년 전까지로 뗀석기를 사용함
- 뗀석기 : 커다란 돌의 가장자리를 다른 돌로 내리쳐서 떨어져 나온 돌로 만든 도구
- 뗀석기 종류 : 주먹도끼, 찍개, 긁개, 밀개 등

신석기 시대

- 1만 년 전부터 간석기를 사용함
- 강가나 해안가에 움집을 세우고 농사를 지음
- 간석기 : 돌을 갈아 만든 도구
- 간석기뿐만 아니라 가락바퀴, 토기 등도 사용함

청동기 시대

- 기원전 2000년부터 금속을 이용함
- 청동 : 구리와 주석을 섞어 만든 것
- 주로 무기의 재료로 활용했으며 청동 검, 청동 방울, 청동 거울 등을 만듦

철기 시대

- 기원전 400년부터 철을 사용하기 시작함
- 철의 매장량은 구리보다 많지만 훨씬 높은 온도에서 녹기 때문에 늦게 이용됨
- 철은 청동보다 재료가 풍부하고 훨씬 단단하기 때문에 철로 만든 기구가 빠르게 퍼졌음

실리콘 시대

- 현재 가장 주목받는 물질은 규소
- 규소 : 지각에 두 번째로 많이 포함된 원소로, 4차 산업 혁명의 핵심 부품인 반도체를 만드는 데 꼭 필요한 물질
- 지금의 시대를 실리콘 시대라 부르기도 함

돌가루로 그리는 그림

인간은 다른 동물과 몇 가지 구별되는 특징이 있어요. 가장 큰 특징은 두 다리로 걸어 다닌다는 점과 불을 사용할 줄 안다는 점, 그리고 자기의 생각과 느낌을 예술로 표현한다는 점이지요. 후기 구석기인들은 자신이 살던 동굴에 다양한 그림을 그렸어요. 사슴, 염소, 말, 사냥하는 사람들 등 주변에 있는 것을 그렸을 뿐만 아니라 상상의 동물도 그렸지요.

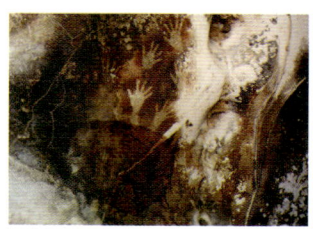

구석기인들이 남긴 벽화
(인도네시아 술라웨시 동굴)

옛날 사람들이 사용한 돌가루

세상에서 가장 유명한 구석기 시대 벽화는 프랑스에 있는 라스코 동굴 벽화예요. 약 2만 1,000년 전에 그려진 것으로 추정하고 있어요. 검은색, 붉은색, 노란색, 흰색 등을 사용해서 생동감 있게 표현했지요.

구석기 시대에는 물감도 없었을 텐데 어떻게 색칠을 했을까요? 구석기인들은 동물의 피, 열매의 즙처럼 색깔 있는 액체를 이용하기도 했지만, 가장 많이 사용한 건 돌가루였어요.

라스코 동굴 벽화

색이 있는 돌을 가루로 만들고 거기에 물이나 기름, 달걀, 오줌 등을 넣어 물감을 만들었어요. 이 방식은 구석기 시대부터 20세기 초까지 사용됐답니다.

검은색 주로 숯 덩어리에서 얻어요. 검은색을 만들 수 있는 돌은 석탄이나 흑연 등이에요.

붉은색 산화 철★이 많이 들어 있는 붉은 황토를 이용해 만들어요. 적철석, 자철석에도 철 성분이 풍부해요.

흰색 석회석 가루로 만들어요. 옛날 학교에서 많이 쓰던 분필도 같은 성분이랍니다.

숯

자철석

노란색 쉽게 구할 수 있는 황토를 이용해 만들었어요. 황토는 노란색부터 짙은 고동색까지 다양한 색을 낼 수 있어요. 또 뜨겁게 구우면 색이 달라지기도 하지요.

초록색 주로 구리가 포함된 돌가루로 만드는데, 그중 가장 비싼 돌은 말라카이트라는 돌이에요.

말라카이트

파란색 청금석이라는 파란 돌로 만들어요. 옛날 사람들은 청금석을 반질반질하게 문질러서 보석처럼 사용하기도 했어요. 그래서 유럽에서는 매우 비싼 재료랍니다.

얀 반 에이크의 〈아르놀피니의 결혼〉이란 작품으로, 말라카이트를 사용한 초록색을 통해 그림을 주문한 사람이 부유했다는 것을 알 수 있지요.

청금석

★ **산화 철** 철 성분이 산소에 닿아 붉게 녹이 슨 것

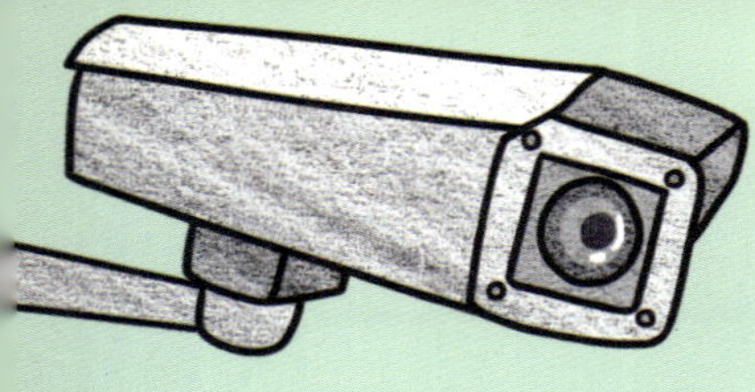

2화
보석이 왜 거기서 나와?!
개념 암석의 종류

광물이 가득한 암석

철, 구리, 규산염같이 생활에 유용하게 쓰이는 천연 물질을 통틀어 광물(mineral)이라고 해요. 광물은 돌에서 얻은 물질이라는 뜻이지요.

돌은 다른 말로 암석이라고도 해요. 그래서 돌 이름 끝에는 대부분 '암'이라는 글자가 붙는답니다.

鑛 物
쇳돌 광   만물 물

巖 石
바위 암   돌 석

암석은 어떻게 만들어질까?

지구상에는 4,000여 종의 광물이 있어요. 이 세상에 있는 모든 암석은 광물로 이루어져 있지요. 하지만 우리가 원하는 광물을 모든 암석에서 뽑아낼 수 있는 건 아니에요. 어떻게 만들어진 암석이냐에 따라 들어 있는 광물의 종류가 조금씩 다르기 때문이에요.

지구상의 암석은 어떻게 만들어지느냐에 따라 화성암, 퇴적암, 변성암으로 나뉘어요.

화성암
마그마가 굳어서 만들어진 돌

퇴적암
자갈, 모래, 진흙 등이 쌓여서 만들어진 돌

변성암
지하 깊은 곳에서 높은 열과 압력을 받아 변한 돌

마그마가 만들어 내는 돌 – 화성암

마그마는 암석이 땅속 깊은 곳에서 녹은 것으로, 뜨거운 액체 상태예요. 마치 뜨거운 프라이팬에 버터를 올리면 녹아서 액체로 변하는 것과 비슷한 변화지요. 이러한 액체 상태의 마그마가 굳어서 만들어진 암석을 화성암이라고 해요. 화성암은 생성 방법에 따라 화산암과 심성암으로 나눌 수 있어요.

불 화　이룰 성　바위 암

화산이 터져서 생기는 화산암

마그마가 땅속을 흐르다가 약한 땅이나 틈새를 만나면 점점 위로 올라와서 폭발하기도 해요. 이 현상이 바로 화산 폭발이에요.

화산이 폭발하면 마그마에 있던 화산 가스는 날아가 구멍을 남기고, 남아 있는 새빨간 용암은 땅 위를 흐르면서 빠르게 굳어요. 이때 광물들이 미처 모양을 잡기도 전에 굳어서 광물의 알갱이가 매우 작아요. 이런 화성암을 화산암이라고 해요.

화산암의 한 종류인 현무암

뽕뽕 뚫려 있는 이 구멍은 용암이 빠르게 식으면서 화산 가스가 빠져 나간 자리야.

땅속에서 천천히 굳어 생기는 심성암

마그마는 땅속에서 조금씩 이동하면서 천천히 식기도 해요. 이 경우에는 화산암보다 더 다양한 광물이 만들어져요. 왜 그럴까요?

마그마가 굳을 때 암석이 되기까지 충분한 시간이 있으면, 액체 속에서 자유롭게 돌아다니던 물질들이 서로 합쳐져서 다양한 광물을 만들어 내기 때문이에요.

이렇게 천천히 만들어진 화성암을 심성암이라고 해요. 심성암은 돋보기로 관찰하면 커다란 광물 조각을 볼 수 있어요.

화산암: 유문암, 안산암, 현무암
심성암: 화강암, 섬록암, 반려암

T!P 제주도 돌하르방에 구멍이 뚫려 있는 이유

돌하르방은 '돌로 만든 할아버지'라는 뜻으로, 제주도의 상징이자 제주도를 지켜 준다고 믿는 석신이에요. 주로 구멍이 뽕뽕 뚫려 있는 현무암을 깎아 만들지요.
제주도는 화산 활동으로 만들어진 섬이기 때문에 섬 자체가 화성암으로 이루어져 있어요. 그래서 현무암도 많이 있답니다.

 ## 돌 부스러기가 쌓여서 만들어지는 돌 – 퇴적암

커다란 바위는 비, 바람, 생물, 빙하, 흐르는 물, 파도 등에 의해 조금씩 부서지고 깎이고 쪼개져요. 이러한 과정을 풍화, 침식이라고 해요.

산에는 거대하고 거친 돌이 많지만, 강가나 바닷가에는 작고 둥글둥글한 자갈이나 모래가 많아요. 바람이나 흐르는 물이 높은 곳에 있는 돌 부스러기를 점점 낮은 곳으로 옮기기 때문이에요. 이렇게 부서지고(풍화), 깎이면서(침식) 쌓인 돌 부스러기들을 퇴적물이라고 해요.

퇴적물이 쌓이고 다져지는 과정이 수억 년 동안 계속되면 단단한 암석이 된답니다. 이렇게 만들어진 암석을 퇴적암이라고 해요.

거대한 퇴적암을 살펴보면 지층을 볼 수 있어요. 지층은 색과 입자 크기, 종류가 조금씩 다른 퇴적물이 오랜 세월 동안 쌓이면서 만들어진 멋진 줄무늬예요.

堆 積 巖
쌓을 퇴 쌓을 적 바위 암

퇴적층

역암
(자갈, 모래, 진흙)

사암
(모래)

이암
(진흙)

뜨거운 열과 압력으로 변한 돌 – 변성암

영화 〈헐크〉의 주인공 브루스 배너 박사는 엄청나게 화가 나면 초록색 헐크로 변신해요. 밀가루 반죽을 뜨거운 오븐에 구우면 맛있는 빵과 쿠키로 변하지요.

이처럼 돌도 엄청나게 높은 열과 압력을 받으면 전혀 다른 암석으로 변신해요. 이렇게 만들어진 암석을 변성암이라고 해요.

변할 변   이룰 성   바위 암

열과 압력을 받으면 변신하는 돌

지구의 표면은 10여 개의 크고 작은 '판'으로 갈라져 있어요. 그 밑에 있는 맨틀이 천천히 움직이기 때문에 판도 움직이고 있지요. 우리가 매일 밟고 다니는 땅도 움직이고 있어요. 1년에 5센티미터 정도로 아주 천천히 움직여서 우리가 못 느낄 뿐이지요.

판이 갈라지거나 2개의 판이 서로를 밀고 있는 판의 경계에서는 마그마가 많이 생겨요. 압력이 매우 높아서 거대한 암석을 부러뜨리기도 해요. 그래서 화산과 지진이 발생하지요.

열과 압력을 받았을 때 고체 상태에서 새로운 형태나 조직으로 변하는 현상을 변성 작용이라고 해.

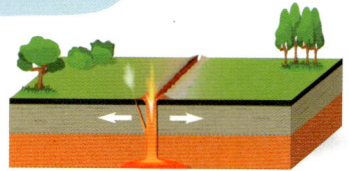 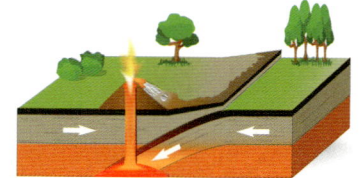

높은 열과 압력은 주변에 있는 암석의 조직, 광물의 종류, 광물의 위치 등을 변화시켜요. 마그마에서 나오는 수증기나 가스가 암석에 새로운 화학 성분을 넣어 주기도 하지요.

  예를 들어 밝은색 광물과 어두운색 광물이 섞여 있는 화강암이 열과 압력에 의해 변성 작용을 받으면 같은 색 광물끼리 모여서 층층이 굵은 줄무늬를 이룬 편마암으로 변해요.

  거칠거칠한 사암이 변성 작용을 받으면 만질만질하고 반짝이는 규암으로 변한답니다. 석회암이 변성 작용을 받으면 대리암이 돼요. 대리암은 표면의 무늬가 아름다워 건축이나 조각상의 재료로 많이 사용해요.

원래의 암석	변성암 낮다 ← 열과 압력 → 높다		
퇴적암	이암(셰일)	편암	편마암
퇴적암	사암		규암
퇴적암	석회암		대리암
화성암	화강암		편마암

암석의 종류

광물
- 철, 구리, 규산염같이 생활에 유용하게 쓰이는 천연 물질
- 돌(암석)에서 얻은 물질이라는 뜻으로, 지구상에 총 4,000여 종이 있음
- 암석은 생성 과정에 따라 화성암, 퇴적암, 변성암으로 나뉨

화성암
- 마그마가 굳어서 만들어진 암석으로, 화산암과 심성암으로 나뉨
- 화산암 : 화산이 터진 뒤, 용암이 땅 위를 흐르면서 빠르게 굳어 생긴 암석
- 심성암 : 마그마가 땅속을 조금씩 이동하면서 천천히 식어 생긴 암석

퇴적암

- 풍화·침식되어 쌓인 돌 부스러기들이 오랜 시간 동안 쌓이고 다져져서 만들어진 암석

역암(자갈, 모래, 진흙)

사암(모래)

이암(진흙)

변성암

- 매우 높은 열과 압력을 받아 전혀 다른 암석으로 변한 암석

원래의 암석		변성암 낮다 ← 열과 압력 → 높다		
퇴적암	이암(셰일)	→	편암 →	편마암
	사암	→		규암
	석회암	→		대리암
화성암	화강암	→		편마암

끊임없이 돌고 도는 암석

단단한 돌이라도 영원히 변하지 않는 것은 없어요. 땅 위에 있는 돌은 비바람이나 동식물 때문에 풍화되지요.

지구 안쪽에 있는 돌은 아주 느리지만 계속되는 판의 움직임 때문에 변성 작용을 받거나 녹아서 마그마가 돼요. 화성암, 퇴적암, 변성암은 아주 오랜 세월 동안 이 과정을 반복하며 다른 종류의 돌로 변하는데요, 이를 '암석의 순환'이라고 해요.

암석은 어떻게 다른 암석이 될까?

지하 깊은 곳에서 만들어진 마그마가 식으면 화성암이 돼요. 지구의 운동으로 지표면에 드러나게 된 화성암은 풍화와 침식에 의해 퇴적물이 되지요. 바닷속에 쌓인 퇴적물은 퇴적암이 돼요.

퇴적암이 지하에서 높은 열과 압력을 받으면 변성암이 되지요. 변성암이 땅 위로 나오면 또다시 풍화와 침식에 의해 퇴적물이 되고, 지구 내부에서 올라오는 뜨거운 열을 받으면 녹아서 마그마가 돼요. 퇴적암도 풍화와 침식에 의해 다시 퇴적물로 돌아가지요.

화성암도 높은 열과 압력을 받으면 변성암이 될 수 있어요. 하지만 이 모든 일이 일어나는 데는 아주 오랜 시간이 걸린답니다. 판의 경계가 아닌, 비교적 안정적인 곳에 있는 암석은 수십억 년 동안 자기 모습을 유지할 수도 있어요. 지구에서 가장 오래된 암석은 캐나다 북부에 있는 아카스타 편마암으로, 약 42억 살이랍니다. 우리나라에서 가장 오래된 암석은 약 25억 살쯤 된 심성암인데, 인천광역시 이작도에 있어요.

아카스타 편마암의 일부

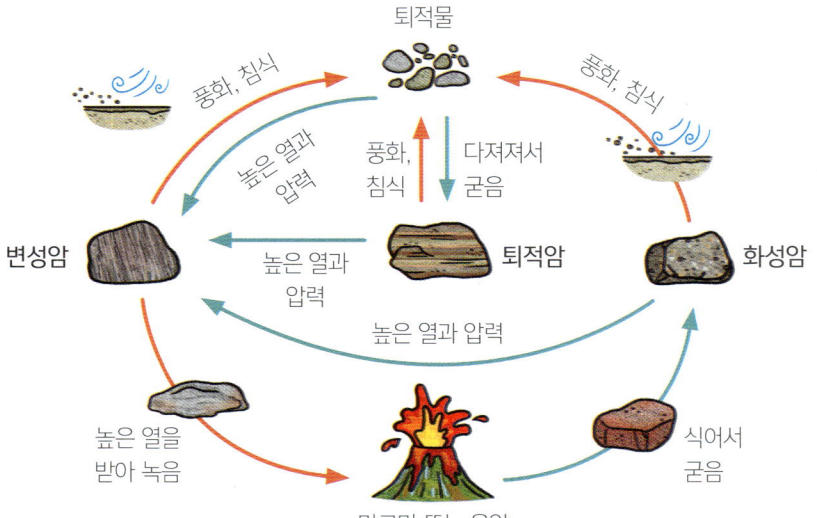

3화

이건 보석이 아니잖아!

과학 광물의 특징

광물이란 무엇일까?

앞에서 광물이란 암석 속에 있는 물질이라고 했어요. 현재까지 알려진 광물은 4,000여 종이 있지요. 물론 보석도 광물이고요. 이러한 광물의 특징은 무엇이며 어떤 종류가 있는지 알아봐요.

여러 원자가 결합하여 만들어진 광물

지구에 있는 모든 물질은 118종류의 원자로 구성되어 있어요. 원자란 물질을 이루는 가장 작은 알갱이예요. 그리고 원소란 물질을 구성하는 원자의 종류랍니다.

물(H_2O)은 수소 원자(H) 2개와 산소 원자(O) 1개가 결합한 물질이고, 이산화탄소(CO_2)는 산소 원자 2개와 탄소 원자(C) 1개가 결합한 물질이에요. 산소(O_2)와 철(Fe)은 한 가지 원소로만 이루어져 있지요.

물질은 이렇게 여러 종류의 원자가 결합한 경우도 있고, 한 가지 원소로만 이루어진 경우도 있어요. 원자는 다양한 방법으로 합해져서 세상을 이루는 많은 물질을 만들어 내요.

마찬가지로 광물도 여러 원자가 합해져서 만들어져요. 하지만 앞에서 살펴본 물과 이산화탄소, 산소는 광물이 아니에요. 하지만 철은 광물이라고 하지요. 광물과 광물이 아닌 것은 어떤 차이가 있는 걸까요?

물 H_2O 이산화탄소 CO_2 산소 O_2 철 Fe

여기서 나만 광물!

광물의 조건

광물이 되려면 다음과 같은 조건을 갖춰야 해요.

자연적으로 만들어져야 해!

실험실이나 공장에서 사람들에 의해 인공적으로 만들어진 것은 광물이 아니에요. 땅속에서 캐내거나 돌에서 뽑아낸 것만 광물이지요.

고체여야 해!

물은 액체라서 광물이 아니지만, 자연에서 생긴 얼음은 고체이므로 광물이에요. 예외로 수은은 액체지만 유일하게 광물로 인정되는 물질이에요.

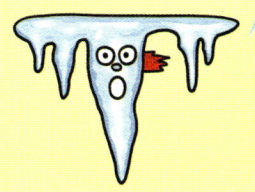

무기물*이어야 해!

생명 활동으로 만들어진 유기물*은 광물이 아니에요. 예를 들어 진주는 생물인 조개가 만들어 낸 것이므로, 고체지만 광물이 아니에요.

결정*이 있어야 해!

다양한 원자가 마구잡이로 결합한 물질은 광물이 아니에요. 광물은 몇몇 원자들이 일정한 규칙에 따라 모여 육각형, 사각형 등 일정한 구조의 결정을 갖추고 있어요.

★ **무기물** 생명을 지니지 않은 물질   ★ **유기물** 생명력에 의해 만들어진 물질
★ **결정** 원자나 분자가 일정한 법칙에 의해 배열되고, 모양도 규칙적으로 쌓인 물질

광물의 색과 조흔색

광물을 구분하는 가장 기본적인 방법은 색이에요. 인류가 일찍부터 구리광석, 철광석 등을 사용할 수 있었던 건, 이러한 돌들이 보통의 돌과 색깔이 달라 눈에 더 잘 띄었기 때문이에요. 구리광석은 푸른색이나 녹색을 띠고, 철광석은 붉은색을 띠거든요. 금도 빛나는 노란색을 띠고 있기 때문에 가장 오랫동안 사랑받는 금속이 되었어요. 녹슬지 않는 몇 안 되는 금속이기도 하고요.

보석 광물 중에서도 루비, 에메랄드, 사파이어, 비취 등 예쁜 색을 띤 광물들이 가장 먼저 보석으로 사용되었어요.

색깔은 같지만 다른 광물

서로 다른 두 광물이 같은 색을 띠고 있으면 같은 광물일까요? 그건 아니에요. 금색을 띠고 있다고 해서 모두 다 금은 아니지요. 황철석은 언뜻 보면 꼭 금처럼 생겨서 '바보 금(Fool's Gold)'이라고도 불러요.

금

황철석

광물의 가루가 띠는 색 - 조흔색

금과 황철석, 두 광물을 놓고 보면 색깔이 비슷해서 어느 것이 금이고 황철석인지 구분하기 어려워요. 이처럼 색이 같지만 다른 광물일 경우, 두 광물을 쉽게 구별할 수 있는 방법이 있어요. 바로 조흔색을 살펴보는 거예요.

조흔색은 광물 가루의 색이에요. 겉으로 볼 때 같은 색이면 가루일 때 색깔도 당연히 같지 않느냐고요? 놀랍게도 색깔이 달라요.

조흔색을 확인하는 조흔판

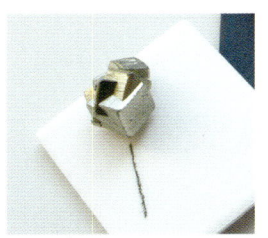

황철석의 조흔색

점토를 구워서 만든 도자기 조각을 조흔판이라고 해요. 조흔판에 광물을 긁으면 조흔색을 확인할 수 있어요. 금은 겉보기 색과 조흔색이 모두 금색이에요. 그러나 황철석은 겉보기 색은 금색, 조흔색은 검은색이지요.

철광석은 붉은색부터 검은색까지, 겉보기 색이 매우 다양해요. 하지만 조흔색은 모두 붉은색을 띤답니다.

광물의 결정

광물은 몇 가지 원자들이 일정한 규칙에 따라 쌓여 만들어지기 때문에 특정한 구조를 가지고 있어요. 이것을 광물 결정이라고 해요.

결정이 만들어지려면 충분한 시간이 필요해요. 마그마가 천천히 식을 때나 변성 작용을 받을 때 만들어질 수 있어요.

암석 속에서는 여러 종류의 광물이 함께 성장하기 때문에 광물 특유의 결정 구조를 확인하기 어려운 경우가 많아요. 하지만 가끔 한 종류의 광물이 우연히 텅 빈 공간 속에서 성장할 때가 있는데, 이때 그 광물만의 독특한 결정 모양을 확인할 수 있답니다.

같은 종류의 원자로 이루어져 있더라도 결정 구조가 다르면 전혀 다른 광물이 될 수 있어요. 흑연과 다이아몬드는 둘 다 탄소 원자만으로 이루어진 광물이에요. 흑연은 결합이 약하여 무르지만, 다이아몬드는 결합이 강하여 단단하지요. 그래서 흑연에 높은 압력을 가하면 변성 작용이 일어나 다이아몬드를 만들 수 있어요.

석영 육각기둥 황철석 정육면체
다이아몬드 팔면체 방해석 기울어진 육면체

광물의 굳기

광물의 굳기는 단단함의 정도를 뜻해요. 두 종류의 광물을 서로 긁었을 때 어느 쪽에 흠집이 났는지 관찰하면 두 광물 사이의 굳기를 알 수 있지요. 표면이 긁힌 광물은 상대적으로 굳기가 낮고, 긁은 쪽이라면 굳기가 높은 광물이에요. 이 방법은 2,000년 전부터 사용했답니다.

10개의 광물을 이용한 모스 굳기계

1812년 독일의 광물학자인 '모스'라는 사람이 주변에서 흔히 볼 수 있는 여러 광물을 긁어 보고 표준 굳기계인 모스 굳기계를 만들었어요. 이 굳기계는 지금까지도 유용하게 사용하고 있지요.

모스 굳기계

일상생활에서 사용되고 있는 물질의 모스 굳기를 알고 있으면 굳기를 쉽게 측정할 수 있어요. 손톱은 2.2, 동전은 3.3, 휴대용 칼날은 5.1, 창유리 5.5, 바늘 6.5, 사포 8이지요. 세상에서 가장 단단한 광물인 금강석(다이아몬드)은 굳기가 10이랍니다.

광물의 특징

광물의 조건

- 원자 : 물질을 이루는 가장 작은 알갱이
- 광물은 원자가 다양한 방법으로 결합하여 만들어짐
- 조건 : 자연 생성, 고체 상태, 무기물, 일정한 구조 갖춤(결정)

광물의 색과 조흔색

- 조흔색 : 광물 가루의 색
- 광물의 겉보기 색과 조흔색은 반드시 같은 색을 띠는 것은 아님
- 조흔색 확인 방법 : 조흔판(도자기 조각)에 광물을 긁었을 때 보이는 색

광물의 결정

- 몇 가지 원소들이 일정한 규칙에 따라 쌓여서 특정한 구조로 광물을 이루는 것
- 마그마가 천천히 식을 때 또는 변성 작용을 받을 때 만들어짐
- 대부분 암석 속에 여러 광물이 함께 성장하므로 광물 특유의 결정 구조를 확인하기 어려움
- 같은 종류의 원자로 만들어진 광물이라도 결정 구조가 다르면 전혀 다른 광물이 될 수 있음

광물의 굳기

- 굳기 : 단단한 정도
- 굳기 확인 방법 : 두 종류의 광물을 서로 긁었을 때 어느 쪽에 흠집이 났는지 관찰 ⋯▶ 긁힌 쪽은 상대적으로 굳기가 낮고, 긁은 쪽은 굳기가 높음
- 모스 굳기계 : 1812년 독일의 광물학자 모스가 여러 광물을 긁어 보고 만든 표준 굳기계

❶ 활석	❷ 석고	❸ 방해석	❹ 형석	❺ 인회석
❻ 정장석	❼ 석영(쿼츠)	❽ 황옥(토파즈)	❾ 강옥	❿ 금강석

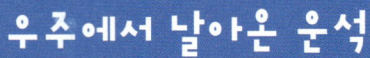

우주에서 날아온 운석

과학자들은 지구에 있는 광물과 암석만 연구하는 게 아니에요. 우주에 떠돌아다니는 돌도 연구하고 있답니다. 어떻게 구했냐고요? 대개는 지구에 저절로 떨어진 것을 주워 연구해요.

우주에서 온 돌

지구 주위 우주에는 모래나 자갈부터 고층 아파트만 한 크기까지 다양한 암석들이 떠돌아 다녀요. 지금도 1초에 1개씩 지구로 떨어지고 있는데, 대부분 지구 대기를 통과하면서 타 버려요. 그게 바로 유성이에요. 그런데 가끔 큰 것은 대기 중에서 다 타지 못하고 땅으로 떨어지는데, 이것을 운석이라고 해요. 운석은 우주에서 온 돌이에요.

운석은 표면을 마치 손가락으로 꾹꾹 누른 듯한 모양이 있고, 철이 많이 들어 있어서 일반 돌에 비해 굉장히 무거워요. 하지만 자세히 보지 않으면 눈으로 구분하기는 쉽지 않지요. 운석 과학자들은 운석을 주우러 남극이나 북극에 가기도 해요. 하얀 평원에 떨어진 검은 돌멩이는 쉽게 발견되니까요.

호바 운석

지금까지 발견된 운석 중 가장 큰 운석은 아프리카의 나미비아에 전시돼 있는 호바(Hoba) 운석이에요. 가로세로 3미터이고, 무게는 무려 60톤이랍니다. 언제 떨어진 건지 정확히는 모르지만 8만 년은 넘지 않은 것으로 추정되고 있어요.

달에서 온 돌

운석보다 더 귀한 돌이 월석이에요. 달의 돌이 운석으로 발견되는 일은 매우 드물어서 엄청나게 비싸거든요. 현재 지구에 있는 월석의 대부분은 직접 로켓을 달에 보내서 가져온 거예요. 1970년대에 아폴로호가 6번에 걸쳐서 모두 380킬로그램 정도의 월석과 토양을 가져왔어요. 일부는 박물관에 전시하고 일부는 전 세계의 과학자들이 연구할 수 있도록 나눠 줬어요.

달 표면을 구성하는 광물에는 지구보다 티탄이 많고 지구에서 발견되는 것과 다른 종류의 크롬이 들어 있어요. 그리고 지구에서 매우 흔한 물질인 질소, 탄소, 황, 수소 등은 월석 속에 전혀 들어 있지 않아요. 생명이 살아가는 데 꼭 필요한 물이 수소와 산소로 이루어져 있다는 걸 생각해 보면, 달에서는 물을 절대 구할 수 없다는 것을 알 수 있답니다.

아폴로 15호가 가져온 월석

4화
보석 도둑을 잡아라!

문화 보석 이야기

- 보석이란 무엇일까?
- 다이아몬드의 역사
- 나의 탄생석을 알아보자!
- 진주는 광물이 아니야!

한눈에 쏙 보석 이야기
한 걸음 더 저주받은 보석 – 호프 다이아몬드

보석이란 무엇일까?

수천 가지의 광물 중에서 보석으로 사용하는 것은 100여 종이에요. 그중에서 유명한 보석은 20가지 정도지요. 어떤 조건을 갖춰야 비싼 보석이 될까요?

예뻐! - 광물 자체로의 아름다움

보통 색깔과 광택, 투명도가 광물의 아름다움을 결정해요. 루비, 에메랄드 등 색이 있는 보석은 진할수록 가치가 높아요. 다이아몬드 중에서도 빨간색은 손톱만 한 게 수십억 원에 이르기도 하지요.

광택은 빛이 여러 각도에서 반사할 때 생기는 반짝거림이에요. 많은 사람이 다이아몬드를 최고의 보석으로 꼽는 이유가 바로 이 특유의 반짝거림 때문이지요. 광택이 제대로 나려면 광물 속에 이물질이 적고 투명해야 해요.

세계에서 가장 큰 레드다이아몬드

단단해! - 화학적 안정성이 높음

금속 중에서 귀하게 여기는 물질로는 금과 은이 있어요. 특히 금은 공기 중에서나 땅속에서나 다른 원소와 쉽게 반응하지 않기 때문에 금빛을 오랫동안 유지해요. 다이아몬드도 수천 년 정도는 끄떡없어요. 이처럼 보석은 그 자

다이아몬드는 그 어떤 광물에도 굴히지 않아.

체로 오랫동안 아름다움을 유지할 수 있어야 해요. 또한 굳기가 높을수록 좋은 보석이에요. 단단해야 쉽게 긁히지 않으니까요. 다이아몬드는 그 어떤 광물에도 긁히지 않으므로 가치가 매우 높아요.

귀해! - 구하기 어렵고 흔하지 않음

잘 깎은 수정은 언뜻 보기에 다이아몬드와 비슷하게 생겼어요. 하지만 다이아몬드가 훨씬 비싼 이유는 바로 희소성 때문이에요. 다이아몬드는 지하 약 160킬로미터 깊이의 높은 열과 압력 속에서 만들어지므로 땅 위에서 발견되는 양이 매우 적어요. 이처럼 구하기 어려운 보석일수록 가치가 더 높답니다.

문방구에서 흔하게 살 수 있는 천 원짜리 목걸이는 보석이 아니란다.

원석에서 가공까지

자연에서 얻을 수 있는 보석 광물의 양은 매우 적어요. 보석 광물을 액세서리로 만들기 위해서는 물건을 파는 사람이 먼저 보석용 원석을 구입해요. 그런 다음 더욱 반짝거릴 수 있게 깎아 내는데, 이 과정에서 원석의 반 이상이 손실된답니다.

> **?! 보석은 얼마만큼의 가치가 있을까?**
>
> 수천, 수억 원의 돈을 들여 값비싼 액세서리를 사는 게 현명한 일일까요? 다이아몬드를 얻기 위해 파헤쳐져 황폐해진 땅, 다이아몬드를 판 돈 때문에 계속되는 전쟁으로 고통받는 아프리카 지역을 떠올려 보면 고민해 볼 문제예요.

다이아몬드의 역사

다이아몬드가 처음 발견된 것은 기원전 700년경 인도의 어느 강바닥이었다고 해요. 누군가가 찬란한 빛을 내는 투명한 돌을 발견했는데, 망치로 치거나 불로 태워도 전혀 반응이 없었지요.

다이아몬드라는 이름은 '정복할 수 없다'는 뜻의 그리스어(Adamas)에서 유래했어요. 투명하게 반짝이는 다이아몬드는 왕이나 신전의 보석으로 사용했고, 나머지는 다른 돌을 정교하게 조각할 때 사용했어요. 다이아몬드는 그 어떤 광물보다도 단단하니까요.

부의 상징이 된 보석

고대부터 중세까지 보석은 신분을 나타내거나 종교적 상징을 담은 물건이었어요. 비싼 보석을 많이 갖고 있을수록 지위가 높다는 뜻이었지요. 평민들에게는 보석을 갖는 것조차 금지됐던 적도 있었답니다.

값어치가 올라간 다이아몬드

14~15세기에 보석을 정교하게 깎는 기술(세공)이 발달하면서 보석 산업이 등장하기 시작했어요. 그 전까지 사람들은 다이아몬드보다 루비나 에메랄드를 더 가치 있다고 생각했어요. 다이아몬드는 너무 단단해서 예쁘게 다듬기가 어려웠거든요.

그런데 15세기 중반 벨기에에서 다이아몬드를 다루는 기술이 개발되었어요. 다이아몬드를 세공하는 기계를 만들 때 다이아몬드 가루를 섞은 거예요. 다이아몬드로 다이아몬드를 다듬은 것이지요. 현재도 벨기에는 유럽 최대의 다이아몬드 유통지예요.

17세기 말, 이탈리아에서 '브릴리언트 컷'이라는 세공 기술이 발명되었어요. 이 기술은 다이아몬드를 가장 휘황찬란하게 반짝이게 만들지요.

브릴리언트 컷

다이아몬드가 발견되는 킴벌라이트 광상*

19세기 후반, 남아프리카 공화국에서 대규모 다이아몬드 광상이 발견되면서부터 많은 양의 다이아몬드가 상품화되었어요. 다이아몬드는 주로 킴벌라이트 광상에서 캐내요. 킴벌라이트는 칼륨 함량이 매우 높은 화성암이지요.

다이아몬드 1캐럿(0.2그램)을 얻으려면 평균 250톤의 광석을 캐내야 해요. 그중 투명도가 높은 20퍼센트만 보석으로 사용되고, 나머지는 흠집이 많고 투명도가 낮아 공업용으로 사용된답니다.

★ **광상** 유용한 광물이 땅속에 많이 묻혀 있는 부분

나의 탄생석을 알아보자!

서양에서는 1년 열두 달을 상징하는 보석을 정해 놓았어요. 자신이 태어난 달을 상징하는 보석을 지니고 있으면 행운이 온다고 믿고 있지요. 이러한 보석을 탄생석이라고 해요. 여러분은 몇 월에 태어났나요? 나의 탄생석이 무엇인지 살펴봐요.

1월 가넷 석류석이라고도 불리는 가넷은 진실과 우정을 상징하는 보석이에요. 전 세계적으로 매우 대중적인 보석으로 5,000년 이상 보석 광물로 사용되었어요.

2월 자수정 보라색 수정으로, 성실함과 평화를 상징해요. 유럽에서는 귀족을 상징하던 보석이었고, 특히 왕관을 장식하는 데 많이 사용했어요. 우리나라에서 생산되는 자수정은 품질이 매우 우수해요.

3월 아콰마린 청아한 하늘색으로, 젊음과 행복을 상징해요. 밝고 신선한 느낌을 주지요.

4월 다이아몬드 높은 열과 압력이 있는 환경에서 만들어지는 광물이에요. 굳기가 매우 강하기 때문에 영원히 변하지 않는 사랑을 상징해요.

5월 에메랄드 아름다운 녹색 보석이에요. 예로부터 녹색은 건강과 행복, 영원한 생명을 상징했어요. 그래서 일부 지역에서는 성스러운 색으로 여겼답니다.

6월 진주 광물은 아니지만 오래전부터 귀한 보석으로 여겼어요. 특유의 광택 때문에 부귀와 우아함을 상징해요.

7월 루비 빨간색 강옥을 루비라고 해요. 굳기가 다이아몬드 다음으로 단단하지요. 불꽃 같은 사랑과 열정, 생명 등을 뜻한답니다.

8월 페리도트 감람석 중 투명하고 진한 올리브색을 띠는 보석이에요. 부부의 사랑과 행복 등을 상징해요.

내가 루비를 좋아하는 건 7월에 태어났기 때문이지.

9월 사파이어 빨간색 이외의 모든 강옥을 사파이어라고 하는데 그중 파란색이 가장 널리 알려져 있어요. 루비와 성분은 같고 색깔만 다르지요. 성실과 지혜를 상징해요.

10월 오팔 이 세상의 모든 색을 담은 듯한 신비로운 보석이에요. 무지개색의 광택이 나지요. 희망과 순수를 상징하며, 다른 보석에 비해 물러서 흠집이 나거나 쉽게 깨질 수 있으니 주의해야 해요.

11월 토파즈 주로 투명한 토파즈가 발굴되는데, 방사선과 열처리를 통해 다양한 색을 낼 수 있어요. 건강과 희망을 상징해요.

12월 터키석 터키가 아니라 시나이반도에서 생산되지만 터키를 통해서 유럽에 퍼졌기 때문에 터키석이라 불러요. 성공과 승리를 뜻해요.

진주는 광물이 아니야!

인류는 도구를 사용하기 시작할 때부터 진주를 귀한 보석으로 여겼어요. 석기 시대 무덤에서 진주가 발굴되기도 했지요. 보석 광물은 원석을 다듬어야 가치가 올라가지만, 진주는 자연에서 얻을 때부터 완벽한 형태로 아름답게 빛나요. 하지만 진주는 광물이 아니랍니다. 왜일까요?

진주는 어떻게 만들어질까?

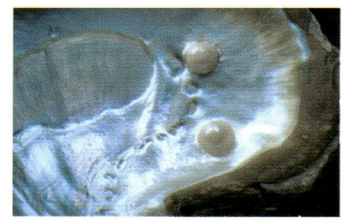

진주는 보석 광물처럼 땅속에서 생기지 않아요. 오직 조개만 만들어 낼 수 있지요. 모든 종류의 조개가 진주를 만들 수 있는 건 아니에요. 진주조개 같은 특정 조개에서만 만들어지지요. 조개는 모래알 같은 이물질이 들어오면 탄산염 물질 등을 분비해 이물질을 둘러싸요. 이것이 바로 진주가 되지요.

진주가 적당한 보석 크기로 자라는 데는 약 3년이 걸려요. 완벽하게 동그란 천연 진주는 매우 드물고, 대부분 울퉁불퉁해요.

진주를 사랑한 영국 여왕 엘리자베스 1세

진주는 고대부터 최고 부유층의 상징이었어요. 고대 로마의 정치가 카이사르는 귀족이 아니면 진주를 착용하지 못하게 하는 사치 금지령을 내리기도 했지요.

16세기에 영국의 전성기를 이끈 여왕 엘리자베스 1세는 진주를 매우 사랑했어요. 여왕의 초상화를 보면 모두 어마어마하게 많은 진주로 치장하고 있는 걸 볼 수 있어요. 하지만 아무리 영국 여왕이라도 이 많은 진주를 모두 천연 진주로 구하는 건 불가능했을 거예요. 그래서 가짜 진주도 섞여 있었을 거라고 추측하고 있지요.

진주 장식을 화려하게 한 엘리자베스 1세

진주를 만들기 시작한 사람들

19세기 말, 사람들은 조개에 이물질을 넣어 인공적으로 진주를 만드는 방법을 알아냈어요. 20세기 초에는 진주를 대량으로 양식하는 기술이 발달하여 값이 싸졌지요. 양식 진주는 천연 진주보다 구성 물질이 얇아서 광택이 덜하지만, 울퉁불퉁하지 않고 거의 동그란 모양이에요.

진주에는 유기물이 들어 있기 때문에 광물보다 훨씬 물러요. 습도나 온도 변화에도 약하지요. 진주를 끼고 목욕을 하거나 식초 같은 산성 물질에 닿으면 녹거나 모양이 변해요. 따라서 진주 액세서리는 관리를 잘해야 해요.

오! 이 정도 값이면 용돈 모아서 살 수 있겠다!

보석 이야기

보석이 되기 위한 조건
- 광물 자체의 아름다움 : 광택이 잘 나고, 투명해야 하며, 색이 있는 보석은 진할수록 가치가 높음
- 높은 화학적 안정성 : 쉽게 변하지 않고, 굳기가 높을수록 가치가 높음
- 높은 희소성 : 구하기 어렵고 흔하지 않음

다이아몬드의 역사
- 기원전 700년경 인도의 어느 강바닥에서 처음 발견됨
- 다이아몬드라는 이름은 '정복할 수 없다'는 뜻의 그리스어에서 유래
- 고대에는 왕이나 신전의 보석으로 사용함 ⋯→ 많이 갖고 있을수록 지위가 높다는 뜻
- 15세기, 다이아몬드 세공 기술 발달
- 19세기 후반, 남아프리카 공화국에서 대규모 다이아몬드 광상이 발견되면서 많은 양의 다이아몬드가 상품화됨
- 투명도가 높은 20퍼센트 정도는 보석으로 사용하고, 나머지는 흠집이 많거나 투명도가 낮아 공업용으로 사용함

탄생석

- 1년 열두 달을 상징하는 보석
- 서양에서는 자신이 태어난 달을 상징하는 보석을 지니고 있으면 행운이 온다고 믿음

1월 가넷	2월 자수정	3월 아쿠아마린	4월 다이아몬드	5월 에메랄드	6월 진주
7월 루비	8월 페리도트	9월 사파이어	10월 오팔	11월 토파즈	12월 터키석

광물이 아닌 진주

- 천연 진주의 발생 과정 : 진주조개 같은 특정 조개에 모래알 같은 이물질이 들어와 탄산염 물질 등이 분비되면서 이물질을 둘러싸는 것 … 적당한 보석 크기로 자라는 데 약 3년 걸림
- 19세기 말, 조개에 이물질을 넣어 인공적으로 진주를 만드는 법을 발견
- 20세기 초, 대량 진주 양식 기술이 발달하여 값이 싸짐
- 유기물이 들어 있어 광물보다 훨씬 무르고, 습도나 온도 변화에 약함

저주받은 보석 – 호프 다이아몬드

미국 스미스소니언 박물관에 전시된 보석 중 가장 인기 있는 보석은 바로 '호프 다이아몬드'예요. 사파이어처럼 짙은 청색으로 보이지만, 강한 햇빛 아래에서는 붉은색을 띄는, 세계에서 단 하나뿐인 다이아몬드예요.

보석을 지니면 닥쳐오는 불행

호프 다이아몬드는 인도에서 생겨난 보석이에요. 누가 처음 가지고 있었는지 정확히 알 수는 없지만, 기록에 따르면 한 보석 상인이 입수하여 프랑스의 왕 루이 14세(1638~1715년)에게 팔았어요.
안타깝게도 루이 14세는 건강이 나빠져 죽었고, 이 보석은 왕실의 보석이 되었어요. 그 후 호프 다이아몬드를 즐겨 착용하던 왕비 마리 앙투아네트는 프랑스 혁명이 한창이던 1793년에 루이 16세와 함께 처형당했어요. 이후에 이 보석은 다른 왕실 보석과 함께 도난당해 한동안 사라졌어요.

다시 나타난 보석과 계속되는 불행

1830년, 런던의 한 경매장에서 호프 다이아몬드가 다시 세상에 나타났어요.

112캐럿이었던 호프 다이아몬드는 세공을 통해 45캐럿으로 작아진 상태였어요. 누군가 떳떳하지 못한 출처를 숨기려고 다듬은 듯 보였지요. 그런데 이 보석을 내놓은 보석상은 어느 날 말에서 떨어져 갑자기 세상을 떠났어요. 호프 다이아몬드는 런던에 사는 은행가 토마스 호프에게 팔렸어요. 지금도 그의 이름을 따 '호프' 다이아몬드라고 부르고 있지요. 호프는 이 보석을 가진 뒤 재산을 모두 날렸어요. 그의 후손들은 빚을 갚기 위해 이 보석을 팔았어요.

그 후 호프 다이아몬드는 보석상의 손을 거쳐 한 여성에게 팔렸어요. 이후에 여성의 자녀들은 모두 죽고, 남편은 재산을 날린 뒤 정신 병원에서 죽었어요. 이 여성은 약물 중독으로 외롭게 죽었고요. 그 뒤에 이 보석은 한 사업가의 손에 들어갔어요. 그는 아내와의 이혼과 아들의 교통사고로 인한 사망으로 괴로워하다 정신이 이상해졌고, 결국 목숨을 잃었답니다. 보석은 돌고 돌아 유명한 보석상 해리 윈스턴이 갖게 되었어요. 윈스턴은 호프 다이아몬드의 무시무시한 사연을 알게 되자, 스미스소니언 박물관에 기증했어요. 그래서인지 남은 인생을 평화롭게 보냈다고 해요.

5화
우리 주변에 광물이 이렇게 많아?!
산업 집에서부터 반도체까지

- 내 책상 위의 광물
- 우리 집에서 찾은 광물
- 건축의 주인공 – 암석
- 스마트폰 속 광물

한눈에 쏙 집에서부터 반도체까지

한 걸음 더 희토류 채굴과 환경 오염 – 자원 전쟁

내 책상 위의 광물

광물은 물건을 만드는 재료예요. 우리가 먹는 음식을 제외한 모든 것에 여러 가지 종류의 광물이 들어 있어요. 일단 책상 위에 있는 물건부터 살펴볼까요?

연필 속 까만 광물

연필심의 주성분은 흑연이에요. 탄소(C)로만 구성된 단일 원소 광물이지요. 흑연은 퇴적암이 변성 작용을 받았을 때 만들어져요. 모스 굳기 1~2로 아주 잘 긁히고 무르기 때문에 연필로 사용해요. 연필심을 만들 때는 다른 화학 물질을 넣어서 살짝 단단하게 만들어요.

흑연

종이(공책과 책)

종이는 무엇으로 만들까요? 나무라고요? 맞아요. 하지만 나무만 사용하는 건 아니에요. 중정석이라는 광물도 꼭 필요해요. 중정석은 광택이 좋아서 유리 조각처럼 반짝이는 특징이 있어요. 나무를 잘게 잘라 만든 펄프 사이를 메워 단단하게 붙여 주고 흰색을 띠게 하는 역할을 하지요. 중정석은 하얀색 페인트와 고무 속에 들어가는 재료이기도 해요.

중정석

석고

석고는 미술 시간에 조각품을 만들 때 주로 사용하는 재료예요. 뼈를 다쳤을 때 고정시켜 놓기 위해 사용하는 깁스의 주재료도 석고이지요.

석고는 흔한 광물인 데다 미술 재료로 많이 써서 문구점에서도 살 수 있어요. 수분을 증발시키면 단단해지지만 쉽게 부서지기 때문에 모형이나 의료용 깁스를 만드는 데 주로 쓰여요.

유리창과 거울, 그리고 컴퓨터

밖을 볼 수 있는 유리창, 우리의 몸을 비추는 거울, 음료를 마실 때 사용하는 유리컵 등도 모두 광물로 만들었어요.

주요 성분은 석영으로, 여기에 금속을 조금 첨가하여 여러 가지 색을 띠게 만들 수 있고, 열에 강한 유리를 만들 수도 있답니다.

예쁜 내 모습을 비춰 주는 거울도 광물이구나!

TIP

방탄유리

안전한 곳으로 피할 수 있게 도망치는 시간을 벌어 주지.

대통령같이 중요한 인물이 사용하는 차나 건물은 방탄유리로 만들어져 있어요. 여러 종류의 유리와 플라스틱을 겹쳐서 강도를 높이고 충격을 흡수하도록 만들었지요.

하지만 방탄유리라고 해서 완전하게 총알을 막을 수 있는 건 아니에요. 2~3발 정도까지 견디는 것이죠.

우리 집에서 찾은 광물

이제 방에서 나와 부엌과 거실, 화장실을 살펴볼까요? 부엌에 있는 도자기 그릇, 스테인레스강 냄비, 화장실의 세면대와 변기, 거실의 유리창과 창틀 등 집 안 곳곳에 땅속에서 온 광물들이 자리잡고 있답니다.

냄비와 식기

냄비나 수저, 식판 등의 주재료는 스테인레스강이에요. 강철에 크로뮴, 니켈, 구리 등 다양한 금속을 첨가해서 만든 철 합금이랍니다.

일반 철과 달리 녹이 슬지 않고 강도가 높아서 일상생활에서 사용되는 거의 모든 철 제품에 스테인레스강을 사용해요.

주방 도구는 역시 튼튼한 스테인레스강이 좋지.

도자기

부엌에 있는 머그잔과 그릇, 화장실 세면대, 변기 등은 대부분 도자기로 만들어요. 정장석이나 사장석이 풍화되어 쌓이면 고령토가 돼요. 도자기는 매우 고운 고령토 가루를 반죽한 후 모양을 빚고, 열가마 속에서 뜨겁게 구워 만든답니다. 신석기 시대부터 토기를 사용했을 정도로 오랜 역사를 가진 방식이에요.

도자기를 만들 때 사용하는 고령토는 대부분 부드럽고 흰색이지만 산화 철이 들어 있는 것은 분홍색부터 적색까지 다양해요.

전선

컴퓨터, TV, 선풍기에 공통으로 달린 긴 줄은 무엇일까요? 바로 전기를 보내 주는 전선이지요. 전선 재료로서는 일반적으로 구리를 많이 이용해요. 그러나 가공이 쉽고 가격도 저렴한 니켈이나 알루미늄을 약간 섞은 합금도 사용해요.

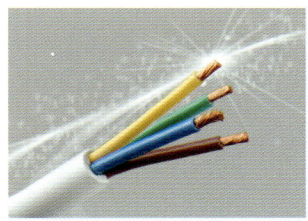

전선은 전기가 통하지 않는 절연체인 고무나 합성수지로 감싸져 있어서 안전해요. 그러나 전봇대나 송전탑 등 고압 전류가 흐르는 전깃줄은 위험하니까 가까이 가면 안 돼요.

거실 창틀

'새시'라고도 부르는 커다란 창틀은 대부분 철, 알루미늄으로 만들어요. 특히 알루미늄을 많이 함유한 제품은 가볍고, 녹이 잘 슬지 않아서 인기가 좋아요.

나도 알루미늄!

알루미늄은 19세기 중반까지만 해도 매우 비싼 금속이었어요. 암석에서 순수한 알루미늄을 분리하는 일이 무척 어려웠기 때문이에요.

20세기 초반 전기가 보급되면서 대량 생산이 가능해지자 이제는 흔하게 볼 수 있는 금속이 되었답니다.

건축의 주인공 – 암석

사람이 살아가는 데 꼭 필요한 것은 무엇일까요? 의식주, 즉 옷·음식·집이지요. 구석기인들은 동굴에 들어가 비바람을 피했고, 신석기인들은 주변에서 구할 수 있는 재료를 이용해 집을 만들었어요.

인류가 진화하면서 집뿐만 아니라 무덤, 종교 시설, 박물관 등 다양한 쓰임새의 건물을 만들었어요. 암석은 흙, 나무와 함께 오랫동안 중요한 재료로 활용되었지요.

피라미드

쿠푸왕의 피라미드

기원전 2500년경에 이집트 지역에 세워진 왕의 무덤이에요. 바닥 부근은 보통 단단한 화성암으로 만들었고, 위에는 석회암이나 벽돌을 쌓아 올려 만들었어요. 가장 큰 쿠푸왕의 피라미드는 밑면 길이가 약 230미터, 높이 약 146미터인데, 이는 58층 아파트 높이와 비슷해요. 가로세로 1미터가 넘는 돌이 230만 개 정도 사용됐고, 약 20년 동안 지었답니다.

유럽의 대성당

프랑스 파리의 유명한 노트르담 대성당을 비롯해 중세 유럽에 지어진 대성당과 건물들은 그 지역에서 생산되는 풍부한 석회암을 주재료로

노트르담 대성당

사용했어요. 다른 암석에 비해 무르고 가공하기 쉽기 때문이지요. 한편 독일의 쾰른 대성당은 1248년부터 280년의 공사 중단 기간을 포함하여 600년 넘게 공사를 했는데, 무려 30만 톤의 돌을 사용했다고 해요.

아파트

아파트는 주로 철근 콘크리트 구조로 지어요. 철로 뼈대를 만들고 콘크리트를 부어 굳히는 방법이지요. 콘크리트는 석회암, 석고 등을 섞어 만든 시멘트, 돌 부스러기, 물 등을 적당한 비율로 섞어 반죽한 거예요. 커다랗고 둥근 통을 계속 돌리며 달리는 레미콘을 본 적 있나요? 레미콘은 콘크리트를 통 속에 넣고 달리는 자동차예요. 통 속에 있는 콘크리트가 굳지 않도록 계속 돌리는 것이지요. 콘크리트는 아주 튼튼해서 가장 널리 사용되고 고층 건물도 지을 수 있어요.

레미콘

TIP

카타르 국립 박물관

광물의 독특한 결정이 건축가에게 영감을 주어 지어진 건물도 있어요. 아주 흔하게 볼 수 있는 광물인 석고는 매우 건조한 환경에서 장미꽃 모양의 결정을 만들어요. 사막 지역 사람들은 이것을 '사막의 장미'라고 불렀지요.
세계적인 건축가 장 누벨은 카타르 국립 박물관을 지을 때 '사막의 장미'를 떠올렸어요. 2008년 시작해서 2019년에 완공된 카타르 국립 박물관은 316개의 원평판이 서로 맞물려 사막의 석고 결정을 꼭 닮았답니다.

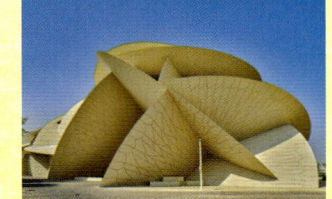

스마트폰 속 광물

여러분이 무인도에 간다면, 딱 하나의 물건만 가져갈 수 있다면 무엇을 가져가겠어요? 아마 대부분 '스마트폰'이라고 대답할 거예요. 물론 와이파이가 터지거나 데이터가 충분해야겠지만요.

스마트폰은 겨우 손바닥 만하지만 전화, 촬영, 동영상 편집, 일정 관리, 독서, 온라인 강의 보기, 게임, TV 시청 등 다양한 일을 할 수 있어요. 또한 내 상태와 생각을 바로 전송하고 세계 여러 나라 사람들과 실시간으로 소통할 수 있는 놀라운 물건이에요. 스마트폰도 다양한 광물로 만들어졌어요.

반도체 속 금속

1화에서 현대를 '실리콘 시대'라고 부를 수 있다고 한 것 기억하나요? 전자 제품 속에 필수적으로 들어가는 반도체의 핵심 물질이 규소(실리콘)이기 때문이지요. 그러나 반도체에는 이외에도 수많은 광물이 필요해요. 우선 주재료인 규소(실리콘)에 아주 적은 양의 붕소나 인을 넣어 전기 신호를 제어해요. 신호를 전달하기 위한 전선을 코팅하는 데는 금을 써요. 특히 탄탈륨, 란탄처럼 아주 적은 양으로

구리 회로판에서 트랜지스터 역할을 하는 부품에 들어 있어요.

금 전선 코팅, IC, 버튼 등에 사용해요.

주석 납땜에 사용해요.

탄탈륨 회로판에 사용되며 전기를 저장해요.

텅스텐 진동 기능 부품에 사용해요.

도 전기 신호를 제어하고 전달할 수 있는 희토류 금속들 덕분에 반도체의 크기도 작아지고 전자 기기도 함께 작아질 수 있었어요.

스마트폰에는 다양한 반도체가 들어 있어요. 예를 들면 배터리가 얼마 남았는지 관리하는 역할을 하는 '전력 관리 반도체', 액정에 다양한 색을 표현해 주는 '디스플레이 구동 반도체', 손가락의 위치를 감지하고 반응하게 하는 '터치 조절 반도체'가 있고, 카메라에도 초소형 반도체가 달려 있어서 다양한 모드로 사진을 찍을 수 있답니다.

요즘은 냉장고, 청소기에도 다양한 반도체를 넣어서 스마트폰으로 작동시키거나 주변 환경에 따라 스스로 동작하도록 만들고 있어요. 이렇게 사물끼리 인터넷으로 통신하

는 방식을 '사물 인터넷'이라고 하지요. 자율 주행 자동차는 주변의 모든 상황을 감지하고 판단을 내려야 하는 만큼, 휴대폰만큼이나 다양한 반도체를 필요로 한답니다.

배터리를 가볍게! – 리튬

배터리를 가볍고, 용량 크고, 재충전이 가능하고, 수명도 길게 해 주는 핵심 재료도 광물이에요. 바로 리튬이지요.
1950년대 후반 개발된 리튬 전지는 현재 노트북과 스마트폰은 물론 전기 자동차에도 들어 있어요. 2019년 노벨 화학상은 리튬 전지 개발에 기여한 과학자들에게 수여되었답니다.

집에서부터 반도체까지

내 책상 위의 광물

- 광물은 물건을 만드는 재료가 되므로, 우리 주변에 많이 쓰이고 있음
- 연필 속 흑연 : 탄소 원소로만 구성된 광물, 굳기 1~2로 무르기 때문에 연필에 사용함
- 종이 속 중정석 : 광택이 좋고 유리 조각처럼 반짝이는 특징 때문에 사용함, 펄프 사이를 메워 단단하게 붙여 주고 흰색을 띠게 함
- 석고 : 쉽게 구할 수 있는 광물, 미술 시간에 조각품을 만들거나 깁스할 때 사용함
- 유리창과 거울 속 석영 : 주재료는 석영이며, 여기에 금속을 조금 첨가하여 색을 띠게 하거나 열에 강한 유리를 만듦

집에서 찾은 광물

- 주방용품이 된 스테인리스강 : 강철에 크로뮴·니켈·구리 등을 첨가하여 만든 철 합금, 일반 철과 달리 녹슬지 않고 강도가 높아 냄비나 식기 등 일상생활에서 자주 쓰임
- 생활용품이 된 도자기 : 매우 고운 고령토 가루를 반죽한 후 모양을 만들어 열가마 속에서 뜨겁게 구워 만듦, 머그잔과 그릇·화장실 세면대·변기 등에 사용함

- 전자 제품에 달린 전선 : 니켈이나 알루미늄을 약간 섞은 합금을 사용하여 만듦
- 창틀이 된 알루미늄 : 가볍고 녹이 잘 슬지 않아서 창틀이나 캔 음료에 주로 사용함

건축 재료가 된 암석
- 고대 피라미드 : 이집트 지역에 세워진 왕의 무덤으로, 밑은 단단한 화성암을, 위는 석회암이나 벽돌을 이용하여 만듦
- 중세 성당 : 석회암을 주재료로 사용함, 석회암은 굳기가 낮고 가공하기 쉬운 특징이 있음
- 현대의 아파트 : 철로 뼈대를 만들고 콘크리트를 부어 굳힘, 콘크리트는 아주 튼튼하므로 현재 건축 재료로 가장 널리 사용되고 있음

스마트폰 속 광물
- 규소(실리콘) : 전자 제품 속에 필수로 들어가는 반도체의 핵심 물질
- 붕소와 인 : 규소에 함께 넣어 전기 신호를 제어함
- 금 : 신호를 전달하기 위한 전선을 코팅하는 데 사용함
- 아주 적은 양의 희토류만으로도 전기 신호 제어 가능 ⋯→ 반도체가 작아질 수 있음 ⋯→ 더 나아가 전자 기기가 작아지는 데 큰 도움이 됨

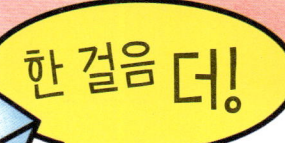

희토류 채굴과 환경 오염 – 자원 전쟁

희토류란 일반적으로 란탄족에 속하는 여러 금속 광물을 의미해요. 비슷한 성질을 가진 주변 금속들도 희토류라고 부르기도 해요.

희토류는 금속이라서 열과 전기를 잘 전달할 뿐만 아니라 다른 물질과 쉽게 반응하지 않아 안정적이에요. 또한 다른 금속에 비해 자기를 띠거나 빛을 내는 특성도 뛰어나요.

일반적으로 많이 이용하는 철, 알루미늄, 구리 등은 산소를 만나면 결합해서 산화물, 즉 녹이 슬지요. 하지만 희토류는 녹이 잘 슬지 않아요. 그래서 전자 제품에 주로 이용하는 것은 물론 여러 생활용품에도 활용하고 있어요.

희토류는 함유량이 평균 0.03퍼센트에 불과할 정도로 적어서 채굴, 정제, 가공 과정이 매우 까다로워요. 10킬로그램의 돌을 밀가루 수준으로 잘게 부쉈을 때 겨우 손톱만 한 정도의 희토류를 얻을 수 있거든요. 돌을 부수는 과정에서 물도 많이 사용돼요. 성질이 비슷한 희토류들은 한꺼번에 산출되는데, 각각의 원소로 분리하는 과정에서는 유독 물질이 발생하지요.

현재는 전 세계 희토류 생산량의 90퍼센트 이상을 중국에서 생산하고 있어요. 다른 나라들은 왜 희토류를 많이 개발하지 않을까요? 다른 나라들은 광상 개발 전에 환경 평가를 해서 통과해야 하는 법을 강하게 적용하고 있으므로, 희토류 광상을 개발하기가 매우 어렵기 때문이에요.

이런 상황에서 중국이 희토류를 수출하지 않는다면, 전 세계의 첨단 산업이 흔들릴지도 몰라요. 중국은 가격을 마음대로 올리거나 국제적인 외교 갈등이 생겼을 때, 희토류 수출을 협상에 이용하기도 했어요.

다른 나라들도 희토류 광상을 개발하거나 희토류를 대체할 수 있는 신소재 개발에 힘을 쏟고 있지만 쉽지 않답니다. 전자 제품에는 희토류가 꼭 필요하기 때문에 가격이 올라가고 있어요. 그렇다 보니 아프리카 등지에서는 희토류 광산을 둘러싸고 전쟁을 벌이거나 좁은 광산에 어린이들을 들여보내는 등 노동 착취도 일어나고 있어요.

과학 기술이 빨리 발전해서 우리의 삶이 점점 편해지는 것도 좋지만, 지구상의 모든 사람이 함께 행복할 수 있도록 방법을 찾아봐야 할 때입니다.

희토류 광상 개발권을 땄으면 부자가 됐을 텐데, 흑흑!

6화
돌 없인 못 살아~!

`직업` 돌을 사랑하는 사람들

· 땅을 연구하는 지질학자
· 보석을 다루는 사람들
· 새로운 소재를 개발하는 신소재 공학자

한눈에 쏙 돌을 사랑하는 사람들
한 걸음 더 로봇 광물 탐사대, 바다로 출동!

땅을 연구하는 지질학자

광물 자원은 땅속에 묻혀 있어요. 그러므로 우리 삶에 필요한 광물을 찾으려면 지질 조사를 통해 광상을 찾아야 해요.

이처럼 광상 개발을 어디에서 해야 하는지 결정하기 위해 탐사 임무를 맡거나, 지층과 암석을 조사하고 지구가 형성된 과정을 연구하는 사람들을 가리켜 지질학자라고 해요.

지질학자는 무엇을 할까?

우리가 지구의 먼 과거에 대해 알고 있는 모든 정보는 광물이 간직한 증거에서 나왔어요. 광물 속에 들어 있는 방사능 원소를 이용하면 물건이나 지층의 연대를 알아낼 수 있어요. 어떤 암석을 구성하는 광물을 조사하면 옛날에 그 지역이 어떤 환경이었는지도 알 수 있지요. 이처럼 지질학자는 광물과 암석에 숨어 있는 흥미로운 이야기를 연구한답니다.

지구상에 있는 돌은 크게 화성암, 퇴적암, 변성암으로 나눌 수 있어요. 하지만 좀 더 세밀하게 분류하면 100여 가지로 나눌 수 있지요. 광물의 종류가 수천 가지인데, 지금도 새로운 광물이 등록되고 있을 정도로 많답니다.

지질학자는 기본적인 암석과 광물의 특징, 지구 내부 운동에 대해 연구하여 광상이 어디에 있는지, 광물 자원이 얼마나 묻혀 있는지, 또 품질은 어떠한지 등을 예측할 수 있어요.

예를 들어 희토류는 마그마에서 분리되어 나온 열수★ 광상에서 만들어지므로 화산 지형에서 탐사를 해야 하고, 루비·사파이어·토파즈 등은 화성 광상, 터키석·오팔·자수정 등은 퇴적 광상, 에메랄드·비취 등은 변성 광상에서 찾아야 해요.

지질학자가 꼭 필요해!

광물 자원은 필요한 곳이 점점 늘고 있지만 캐낼 수 있는 양은 점차 줄어들고 있어요. 따라서 앞으로 광물 자원은 점점 더 중요해질 거예요. 한국 지질 자원 연구소, 한국 광물 자원 공사뿐만 아니라 여러 기업에서도 자원 탐사와 새로운 광물 자원을 연구할 지질학자를 필요로 하고 있답니다.

★ **열수** 마그마가 식어서 여러 가지 광물 성분을 만들어 낸 뒤에 남는 물

보석을 다루는 사람들

보석의 원석은 그 자체로도 귀하지만 잘 다듬으면 훨씬 더 빛나요. 물론 그냥 보는 것도 좋지만 반지나 목걸이로 만들어 늘 지니고 다니면 더 기분이 좋겠지요. 원석이 다양한 액세서리가 되기까지는 여러 사람의 노력이 필요해요.

보석 디자이너

보석을 이용해서 아름다운 장신구, 즉 반지·목걸이·귀걸이·팔찌·브로치 등을 디자인해요. 유행하는 패션은 무엇인지, 모양과 크기, 색, 특성이 모두 다른 보석들을 어떻게 조합할지 등을 고민해서 끊임없이 새로운 디자인을 생각하는 창의적인 직업이지요. 정교한 손작업이 필요하기 때문에 고도의 집중력과 끈기가 필요하답니다.

보석 세공사

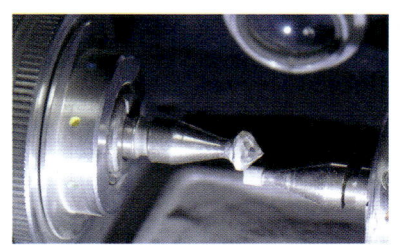

원석의 결정 구조를 파악하고 그 특성에 맞게 쪼개거나 더 잘 반짝이도록 만드는 등의 일을 해요. 보석의 가치가 정해지는 데 매우 중요한 작업이므로 숙련된 장인의 솜씨가 필요하지요.

최근에는 보석 작업 과정이 대부분 중국이나 인도에서 이뤄지고 있어요. 그러나 가치가 매우 높고 크기가 큰 원석은 미국이나 유럽에서 세공하고 있어요.

보석 감정사

보석의 품질을 평가하고, 어떤 보석이 진짜인지 가짜인지 판별하는 일을 해요. 이러한 작업을 감정이라고 하지요.

감정이 끝나면 보석의 종류, 크기와 무게, 화학적 처리 여부, 투명도, 결함, 비율과 커팅 등 세부 사항들이 표시되어 있는 감정서를 발급해요.

주얼리 마케터

보석으로 만든 다양한 장신구를 주얼리라고 해요. 주얼리 마케터는 상품 판매에 필요한 전문적인 지식을 바탕으로, 소비자에게 알맞은 액세서리를 추천하는 일을 해요. 소비자에게 신뢰와 만족감을 느끼게 하려면 액세서리 유행의 흐름도 잘 읽을 수 있어야 해요.

새로운 소재를 개발하는 신소재 공학자

신소재는 최근 들어 가장 주목받고 있는 산업 분야 중 하나예요. 신소재가 무엇이며, 왜 필요한지 알아봐요.

신소재란 무엇일까?

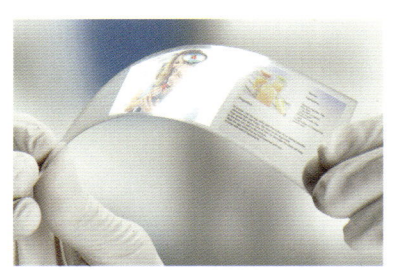

인류는 아주 오래전부터 자연 그대로의 광물을 이용하기보다는 다양한 형태로 가공하여 사용했어요. 청동기 시대를 연 청동은 구리와 주석을 섞은 합금이지요.

이처럼 기존의 재료를 여러 방법으로 섞고 가공해서, 새로운 특징을 가지도록 만든 물질을 신소재라고 해요.

최근에는 4차 산업 혁명 시대가 요구하는 초정밀 전자 제품을 만들거나 점점 고갈되는 광물 자원을 대체할 수 있는 다양한 신소재에 대한 연구가 한창이에요. 이러한 신소재를 개발하기 위해 연구하는 사람들을 신소재 공학자라고 해요.

가장 유명한 신소재 - 그래핀

그래핀은 세상에서 가장 얇은 물질이에요. 두께가 0.2~0.3나노미터로 원자 한 층 정도 두께이지요. 탄소 원자로만 이루어진 육각형 벌집 구조로, 연필심에 들어가는 흑연과 같은 구조예요. 다른 점이 있다면, 흑연은 육각형 벌집 구조가 층층이 쌓여 있는 구조인데, 그래핀은 거기서 딱 한 층만 떼어낸 것이지요.

그래핀은 전류를 구리, 실리콘보다 100배 이상 빠르게 전달할 수 있어요. 강도는 강철보다 200배 이상 강하면서도 유연하게 구부러져요. 심지어 완전히 접어도 전기를 전달할 수 있어서 꿈의 신소재라고 불리고 있어요. 그래핀 덕분에 거울에 부착하는 투명 반도체나 구부러지는 화면을 만들 수 있게 된 것이지요.

사실 그래핀은 1947년에 최초로 제안된 재료예요. 하지만 최첨단 나노 기술까지 동원해도 딱 한 층만 떼어 낼 수가 없었어요. 그런데 2004년 영국의 안드레 가임, 콘스탄틴 노보셀로프가 한 층만 떼어 내어 그래핀을 만드는 데 성공했어요. 이들은 투명 테이프를 이용하여 손쉽게 분리했고, 그 공로로 2010년 노벨 물리학상을 받았답니다.

> 돌을 연구하는 과학자가 되어 인류에 도움이 되는 신소재를 개발할 거야!

데이터 통신 시대를 연 광섬유

광케이블은 통신 거리와 속도의 혁명을 가져왔어요. 광케이블을 만드는 데 사용한 재료는 유리를 주재료로 한 신소재 '광섬유'예요.

광섬유는 레이저를 이용해 신호를 전달하기 때문에 구리 선과는 비교할 수 없을 정도로 통신 속도가 빨라요. 그래서 데이터 통신 시대를 여는 데 핵심이 되었답니다.

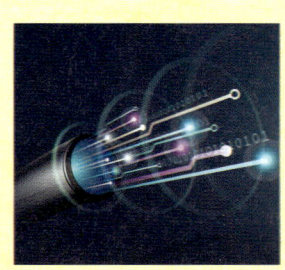

돌을 사랑하는 사람들

지질학자
- 광상 개발을 어디에서 해야 하는지 결정하기 위해 탐사 임무를 맡거나, 지층과 암석을 조사하여 지구가 형성된 과정을 연구함
- 암석과 광물의 특징, 지구 내부 운동에 대해 연구하여 광상이 어디에 있는지, 광물 자원이 얼마나 묻혀 있는지, 품질은 어떠한지 예측할 수 있음

보석 디자이너
- 보석을 이용해 액세서리를 디자인하는 사람
- 끊임없이 새로운 디자인을 생각해야 하므로 창의성이 필요함
- 정교한 손작업이 필요하므로 집중력과 끈기가 필요함

보석 세공사
- 원석의 결정 구조를 파악하고 그 특성에 맞게 쪼개거나 더 잘 반짝이도록 만드는 사람
- 보석의 가치가 정해지는 작업이므로 숙련된 장인의 솜씨가 필요함

보석 감정사
- 보석의 품질을 평가하고, 어떤 보석이 진짜인지 가짜인지 판별하는 일을 하는 사람
- 감정을 통해 보석의 종류, 크기와 무게, 투명도, 결함 등 세부 사항이 표시된 감정서를 발급함

주얼리 마케터
- 상품 판매에 필요한 전문적인 지식을 바탕으로 소비자에게 알맞은 액세서리를 추천하는 사람
- 소비자에게 신뢰와 만족감을 느끼게 하려면 유행의 흐름을 잘 읽어야 함

신소재 공학자
- 신소재 : 기존의 재료를 여러 방법으로 섞고 가공하여 새로운 특징을 가지도록 만든 물질
- 광물 자원을 대체할 수 있는 다양한 신소재 개발에 힘쓰고 있음
- 그래핀 : 세상에서 가장 얇은 물질로 꿈의 신소재라 불림, 구리·실리콘보다 전류를 200배 이상 빠르게 전달할 수 있음, 유연하게 구부러짐

로봇 광물 탐사대, 바다로 출동!

고대부터 인류는 바다를 항해하며 여행을 다니거나 무역을 했어요. 하지만 바다가 무엇인지, 그 속에는 무엇이 있는지 잘 몰랐지요.
바다 깊은 곳을 처음으로 연구하기 시작한 건 언제부터였을까요?

바닷속을 탐사한 챌린저호

1872년, 영국에서 과학적인 바다 탐사를 위한 프로젝트인 '챌린저호의 탐험'을 시작했어요. 챌린저호는 4년 동안 약 13만 킬로미터를 항해하며 바닷물의 특징, 바닷속 생물, 바다의 깊이, 심해 퇴적물 등을 조사했어요. 이때 지구 세 바퀴 이상을 돌았다고 하니, 당시로써는 엄청난 거리를 항해한 것이었지요.

챌린저호는 바다를 탐사하던 도중 대서양 바닥에서 망가니즈 단괴를 처음 발견했어요. 그곳에는 철, 망가니즈 등 다양한 금속들이 공처럼 뭉쳐 있었지요. 땅에서 얻는 광물 자원이 점차 고갈되자, 사람들은 해양 광물 자원에 주목하기 시작했어요. 해저에는 석유, 천연가스는 물론 망가니즈 단괴✦, 황화 광물, 철광석, 금, 은 등 다양한 광물들이 어마어마하게 매장되어 있을 것으로 추측하고 있어요. 하지만 광물들이 어디에 얼마나 있는지, 채굴했을 때 바다의 환경과 생태계에는 어떤 영향을 줄지에 대한 연구가 충분히 이뤄져야만 개발을 시작할 수 있어요.
수심 2,000미터 이상의 심해저*는 햇빛이 전혀 들어오지 않아 깜깜하고 물로 인한 압력도 매우 높아 위험하기 때문에 많은 시간과 비용이 든다는 문제가 있어요.
이 문제를 해결해 주는 것이 바로 해양 탐사 로봇이에요.

심해저를 탐사하는 로봇

2016년, 우리나라는 세계 최초로 심해저를 걸어 다니면서 탐사하는 해양 로봇 크랩스터를 개발했어요. 크랩스터는 북태평양 4,743미터 깊이에서 탐사하는 데 성공했어요.
로봇은 해저 화산, 해저 열수 광상, 깊은 골짜기 지형 등 사람이 접근하기 어려운 곳까지 탐사할 수 있으므로 앞으로 더 다양하고 많은 로봇이 필요할 거예요. 여러분 중에 로봇 공학자로서 직접 만든 해양 탐사 로봇과 함께 광물이 가득한 해저 세계로 탐험을 떠나는 친구가 나오기를 기대할게요!

세계 최초 심해 보행 로봇 크랩스터

★ **망가니즈 단괴** 망가니즈, 철, 니켈, 구리, 코발트 등을 함유한 검은 갈색의 덩어리로 500~6,000미터의 깊은 바다에 깔려 있음
★ **심해저** 깊은 바다 밑으로, 수심이 2,000~6,000미터인 곳

1화 역사 – 돌과 함께한 인류의 삶

1 다음 시대와 관련된 사진을 바르게 짝지어 봐요.

구석기 시대 ①　　　　　　　㉠

신석기 시대 ②　　　　　　　㉡

청동기 시대 ③　　　　　　　㉢

2 다음 중 잘못 설명하고 있는 사람이 누구인지 골라 봐요.

① 　최초의 인류는 두 발로 걸어 다니면서 돌을 도구로 사용하기 시작했어.

② 　구석기 시대에는 커다란 돌에서 떼어 낸 돌을 도구로 사용했지.

③ 　신석기 시대에는 돌을 갈아서 도구로 사용했어.

④ 　청동기 시대에는 청동이 풍부해서 모두가 청동으로 만든 도구를 사용할 수 있었대.

3 다음 글을 읽고 어느 시대에 대한 설명인지 적어 봐요.

> 기원전 1500년쯤 중동 지역에 있던 사람들이 철광석에서 철을 뽑아내는 기술을 알아냈고, 이 기술은 주변 지역으로 전파되었어요. 그후 기원전 1200년에서 기원전 500년 사이에 (   )이/가 시작되었답니다.

_____

4 다음 글을 읽고, 빈칸에 들어갈 알맞은 말을 〈보기〉에서 골라 적어 봐요.

> (㉠)은/는 지각에 두 번째로 많이 포함된 원소로, 영어로 (㉡)라고/이라고 해요. 전기가 잘 통하는 물질인 도체와 전기가 잘 통하지 않는 물질인 부도체의 성격을 모두 가지고 있지요. 반도체의 핵심 재료이기 때문에 미국 캘리포니아에 있는 유명한 첨단 기술 단지를 (㉡) 밸리라고 부른답니다.

보기
철   실리콘   산소   규소   규산염   구리

㉠: _____   ㉡: _____

2화 개념 – 암석의 종류

1 다음 중 잘못 설명하고 있는 사람이 누구인지 골라 봐요.

① 철, 구리, 규산염같이 생활에 유용하게 쓰이는 천연 물질을 광물이라고 해.

② 마그마가 굳어서 만들어진 돌을 암석이라고 해.

③ 이 세상에 있는 모든 암석은 광물로 이루어져 있지.

④ 지구상의 암석은 어떻게 만들어지느냐에 따라 화성암, 퇴적암, 변성암으로 나뉜대.

2 다음 글을 읽고 빈칸에 알맞은 단어를 적어 봐요.

( )은/는 퇴적물이 쌓이고 다져지는 과정이 수억 년 동안 계속되어 단단해진 암석이에요. 주로 커다란 바위가 바람, 물, 얼음 등에 의해 풍화된 돌 부스러기들이 계속 쌓이면서 생겨요.

3 다음은 화성암의 생성 방법에 대한 자료예요. 이 자료를 보고 ㉠, ㉡에 들어갈 알맞은 단어를 골라 봐요.

① ㉠ 화산암　㉡ 심성암　　② ㉠ 변성암　㉡ 역암
③ ㉠ 사암　　㉡ 이암　　　④ ㉠ 대리암　㉡ 편마암

4 다음 문장을 읽고 맞으면 ○, 틀리면 × 표시를 해 봐요.

· 돌은 높은 열과 압력을 받으면 변성암이 돼요. (　　)

· 석회암이 높은 열과 압력을 받으면 편마암으로 변해요. (　　)

· 사암이 높은 열과 압력을 받으면 규암으로 변해요. (　　)

3화 과학 - 광물의 특징

1 다음 중 광물의 조건이 아닌 것을 골라 봐요.

① 자연적으로 만들어져야 해요.

② 유기물이어야 해요.

③ 고체여야 해요.

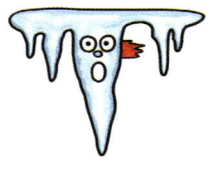

④ 결정이 있어야 해요.

2 다음 글을 읽고 빈칸에 알맞은 단어를 적어 봐요.

> 금과 황철석처럼 색깔이 비슷해서 구분이 안 되는 암석은 (㉠)을 통해 광물을 쉽게 구분할 수 있어요. (㉠)은/는 (㉡)에 광물을 긁어서 확인하지요.

㉠ : _____   ㉡ : _____

3 다음 문장을 읽고 맞으면 ○, 틀리면 ✗ 표시를 해 봐요.

- 광물은 몇 가지 원자들이 일정한 규칙에 따라 쌓여 만들어지기 때문에 특정한 구조를 가지고 있어요. 이를 광물의 결정이라고 해요. (   )

- 광물의 결정은 마그마가 빨리 식었을 때 만들어져요. (   )

- 같은 종류의 원자로 이루어져 있더라도 결정 구조가 다르면 전혀 다른 광물이 될 수 있어요. (   )

4 다음 중 모스 굳기계에 대해 잘못 말하고 있는 사람이 누구인지 골라 봐요.

❶ 활석	❷ 석고	❸ 방해석	❹ 형석	❺ 인회석
❻ 정장석	❼ 석영(쿼츠)	❽ 황옥(토파즈)	❾ 강옥	❿ 금강석

① 광물의 굳기는 단단함의 정도를 뜻해.

② 독일의 광물학자 모스가 광물의 표준 굳기계인 모스 굳기계를 만들었어.

③ 내 손톱으로 석고를 긁을 순 있지만 방해석은 긁을 수 없어. 따라서 내 손톱은 2와 3 사이야.

④ 모스 굳기계에서 가장 단단한 광물은 활석이고, 가장 무른 광물은 금강석이야.

4화 문화 – 보석 이야기

1 다음 중 보석의 조건이 아닌 것을 골라 봐요.

① 굳기가 낮아야 해요.
② 구하기 어렵고, 흔하지 않아야 해요.
③ 다른 원소와 쉽게 반응하지 않아야 해요.
④ 광물 속에 이물질이 적고 투명하여 광택이 잘 나야 해요.

2 다음 중 다이아몬드에 대한 설명으로 틀린 것을 골라 봐요.

① 다이아몬드의 이름은 '정복할 수 없다'는 뜻의 그리스어에서 유래했어요.
② 다이아몬드 원석은 모두 보석으로 사용돼요.
③ 다이아몬드는 주로 칼륨 함량이 매우 높은 화성암 지대인 킴벌라이트 광상에서 캐내요.
④ 다이아몬드를 예쁘게 다듬기 어려웠던 14~15세기에는 다이아몬드보다 루비나 에메랄드가 더 가치 있었어요.

3 다음 중 진주에 대한 설명으로 틀린 말을 하는 사람을 골라 봐요.

① 진주는 보석 광물처럼 땅속에서 생기지 않아.

② 진주가 적당한 보석 크기로 자라는 데는 약 3년이 걸려.

③ 고대에는 주로 귀족보다 백성이 더 진주를 즐겨 착용했어.

④ 20세기 초에는 진주를 대량으로 양식하는 기술이 발달하여 값이 싸졌어.

4 빛나와 석이의 대화를 읽고, 보석을 비싼 값에 구입할 만한 가치가 있는지에 대해 자신의 생각을 적어 봐요. 서술형 문항 대비 ✓

....
....
....

5화 산업 – 집에서부터 반도체까지

1 우리 주변에서 흔히 볼 수 있는 광물에 대한 설명 중 틀린 것을 골라 봐요.

① 유리창과 거울은 주로 석고를 이용해 만들어요.

② 종이를 만들 때는 흰색을 띠게 하는 중정석을 사용해요.

③ 연필 속에는 퇴적암이 변성 작용을 받아 생성된 흑연이 들어 있어요.

④ 세면대와 변기는 대부분 정장석이나 사장석이 풍화되어 생긴 고령토 가루로 만들어요.

2 다음을 읽고 무엇에 대한 설명인지 적어 봐요.

> 이 건물은 기원전 2500년경에 이집트 지역에 세워진 왕의 무덤이에요. 바닥 부근은 보통 단단한 화성암으로 만들었고, 위에는 석회암이나 벽돌을 쌓아 올려 만들었어요. 가장 큰 건물은 쿠푸왕의 것으로 밑면의 길이 약 230미터, 높이 약 146미터인데, 58층 아파트 높이와 비슷해요. 가로세로 1미터가 넘는 돌이 약 230만 개나 사용됐고, 약 20년 동안 지었답니다.

_____

3 다음 문장을 읽고 맞으면 ○, 틀리면 X 표시를 해 봐요.

- 시멘트는 석회암·석고 등을 섞어 만든 것으로, 현대에 가장 널리 사용되는 건축 재료예요. (   )

- 희토류는 전기 신호를 제어하고 전달하는 데 매우 많은 양이 필요하므로, 반도체를 만드는 데 사용하지 않아요. (   )

- 새시라고도 부르는 커다란 창틀은 대부분 철, 알루미늄으로 만들어요. (   )

4 우리 주변에 있는 다양한 제품을 살펴보고, 어떤 광물이 사용되었는지 조사해 봐요. 서술형 문항 대비 ✓

제품	사용된 광물
냄비	강철에 크로뮴, 니켈, 구리 등을 섞어 만든 스테인레스강
전선	니켈이나 알루미늄을 섞어 만든 합금

6화 직업 – 돌을 사랑하는 사람들

1 다음 중 지질학자에 대한 설명으로 틀린 말을 하는 사람을 골라 봐요.

① 지질학자는 땅을 조사하여 지구가 형성된 과정을 연구하는 사람이야.

② 광상 개발을 어디에서 해야 하는지 결정하기 위해 탐사 임무를 맡기도 하지.

③ 암석과 광물의 특징, 지구 내부 운동에 대해 연구하여 광물 자원이 어디에 얼마나 묻혀 있는지 예측할 수 있어.

④ 광물 자원이 점점 줄어들고 있기 때문에 지질학자는 곧 사라질 거야.

2 다음 문장을 읽고 맞으면 ○, 틀리면 X 표시를 해 봐요.

· 보석 세공사는 보석의 품질을 평가하고, 어떤 보석이 진짜인지 가짜인지 판별하는 일을 해요. (   )

· 보석 감정사는 원석의 결정 구조를 파악하고 그 특성에 맞게 쪼개거나 더 잘 반짝이도록 만드는 등의 일을 해요. (   )

· 주얼리 마케터는 상품 판매에 필요한 전문적인 지식을 바탕으로, 소비자에게 알맞은 액세서리를 추천하는 일을 해요. (   )

3 다음 글을 읽고, 빈칸에 들어갈 알맞은 말을 〈보기〉에서 골라 괄호 안에 적어 봐요.

> (　　　　)은/는 기존의 재료를 여러 방법으로 섞고 가공해서 새로운 특징을 가지도록 만든 물질이에요. 최근에는 점점 고갈되는 광물 자원을 대체할 수 있는 다양한 (　　　　)에 대한 연구가 한창이에요.

보기
희토류　　스테인리스강　　광물　　신소재　　보석

4 보석이나 돌과 관련된 직업을 조사해 보고, 어떤 일을 하는지 적어 봐요.

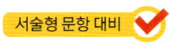

직업	하는 일
보석 디자이너	보석을 이용해 다양한 액세서리를 디자인하는 사람

1화

1. ①-ⓒ, ②-ⓒ, ③-⊙

··· 주먹도끼는 구석기, 빗살무늬토기는 신석기, 청동 검은 청동기에 사용하던 물건이에요. (☞16~21쪽)

2. ④

··· 청동기 시대에 보통 사람들은 간석기를 많이 사용했어요. 당시에는 청동의 재료를 구하거나 질 좋은 청동을 만드는 기술이 어려웠어요. 따라서 청동으로 만든 물건은 신분이 높은 사람들이 주로 이용했어요. (☞16~21쪽)

3. 철기 시대

··· 철의 생산과 이용이 전 세계로 널리 퍼지면서 시작된 시대는 철기 시대예요. (☞22~23쪽)

4. ⊙ 규소 ⓒ 실리콘

··· 지각에 두 번째로 많은 원소는 규소예요. 규소를 영어로 하면 실리콘이며, 미국의 유명한 반도체 및 인터넷 기업들이 모여 있는 곳을 실리콘 밸리라고 하지요. (☞24~25쪽)

2화

1. ②

··· 암석은 돌의 다른 말이에요. 마그마가 굳어서 만들어진 돌은 화성암이에요. (☞36쪽)

2. 퇴적암

··· 퇴적물이 쌓여서 만들어진 단단한 암석은 퇴적암이에요. (☞39쪽)

3. ①

··· 화산이 터지면서 생기는 암석은 화산암, 땅속에서 천천히 굳으면서 생긴 암석은 심성암이에요. (☞37~38쪽)

4. O, X, O

··· 돌은 높은 열과 압력을 받으면 변성암이 돼요. 변성 작용을 받으면 석회암은 대리암, 사암은 규암으로 변해요. (☞40~41쪽)

3화

1. ②

··· 생명 활동으로 만들어진 유기물은 광물이 아니에요. 따라서 조개에 의해 만들어진 진주는 광물이 아니랍니다. (☞53쪽)

2. ⊙ 조흔색 ⓒ 조흔판

··· 조흔색은 광물의 가루가 띠는 색깔을 뜻해요. 광물을 조흔판에 긁으면 조흔색을 쉽게 확인할 수 있어요. (☞54~55쪽)

3. O, X, O

··· 결정이 만들어지려면 충분한 시간이 필요하므로, 마그마가 천천히 식을 때나 변성 작용을 받을 때 만들어질 수 있어요. (☞56쪽)

4. ④

··· 모스 굳기계에서 가장 무른 광물은 활석이

고, 가장 단단한 광물은 금강석이에요. (☞57쪽)

4화

1. ①
⋯ 굳기가 높아야 해요. (☞68~69쪽)
2. ②
⋯ 다이아몬드 원석은 투명도가 높은 20퍼센트만 보석으로 사용되고, 나머지는 흠집이 많고 투명도가 낮아 공업용으로 사용해요. (☞70~71쪽)
3. ③
⋯ 진주는 고대부터 최고 부유층의 상징이었어요. (☞74~75쪽)
4. 자유롭게 생각해 봐요.
⋯ (☞69쪽)

5화

1. ①
⋯ 유리창과 거울은 주로 석영으로 만들어요. (☞86~89쪽)
2. 피라미드
⋯ 기원전 2500년경에 이집트 지역에 세워진 왕의 무덤은 피라미드예요. (☞90쪽)
3. O, X, O

⋯ 희토류는 아주 적은 양으로도 전기 신호를 제어하고 전달할 수 있으므로 반도체를 만드는 데 매우 적합해요. (☞89, 91~93쪽)
4. 자유롭게 조사하여 적어 봐요.
⋯ (☞88~89, 91~93쪽)

6화

1. ④
⋯ 광물 자원은 필요한 곳이 점점 늘고 있지만 캐낼 수 있는 양은 점차 줄어들고 있어요. 따라서 앞으로 광물 자원은 점점 더 중요해질 거예요. (☞104~105쪽)
2. X, X, O
⋯ 보석 세공사는 원석의 결정 구조를 파악하고 그 특성에 맞게 세공하는 일을 해요. 보석 감정사는 보석의 품질을 평가하여 감정서를 발급하는 등의 일을 해요. (☞107쪽)
3. 신소재
⋯ 기존의 재료를 여러 방법으로 섞고 가공해서 새로운 특징을 가지도록 만든 물질을 신소재라고 해요. (☞108쪽)
4. 자유롭게 생각해 봐요.
⋯ (☞104~109쪽)

찾아보기

ㄱ
결정 ········· 53, 56
광물 ········· 36, 52, 53
광섬유 ········· 109
굳기 ········· 57
규소 ········· 24, 25, 92

ㄷ
다이아몬드 ········· 70~71

ㅁ
모스 굳기계 ········· 57

ㅂ
변성암 ········· 40~41
보석 ········· 68~69
보석 감정사 ········· 107
보석 디자이너 ········· 106
보석 세공사 ········· 107

ㅅ
신소재 ········· 108~109
신소재 공학자 ········· 108
실리콘 밸리 ········· 25

ㅇ
암석 ········· 36
암석의 순환 ········· 44~45

ㅇ (계속)
운석 ········· 60~61

ㅈ
조흔색 ········· 55
조흔판 ········· 55
주얼리 마케터 ········· 107
지질학자 ········· 104~105
진주 ········· 53, 74~75

ㅋ
킴벌라이트 광상 ········· 71

ㅌ
탄생석 ········· 72~73
퇴적암 ········· 39

ㅎ
화성암 ········· 37~38
희토류 ········· 92~93, 96~97

128